적멸보궁
풍수穴의 비밀
혈

적멸보궁
풍수穴의 비밀

초판 1쇄 인쇄일 2024년 7월 10일
초판 1쇄 발행일 2024년 7월 17일

지은이 이재영
펴낸이 양옥매
디자인 표지혜 송다희
교   정 조준경
마케팅 송용호

펴낸곳 도서출판 책과나무
출판등록 제2012-000376
주소 서울특별시 마포구 방울내로 79 이노빌딩 302호
대표전화 02.372.1537   팩스 02.372.1538
이메일 booknamu2007@naver.com
홈페이지 www.booknamu.com
ISBN 979-11-6752-484-3 (03180)

적멸보궁
풍수穴의 비밀
혈

• 이재영 지음 •

시작하는 글

콩 심으면 콩(이) 날까? 팥을 심으면 콩이 날까? 어떤 것이 생산될까. 풍수가 그럴까? 혈이 이럴까? 혈은 콩 심으면 콩 나고, 팥 심으면 팥(이) 난다. 콩 심으면 팥이 나는 이유가 뭘까? 그것은 풍수다. 풍과 수는 크고 원대하고 스케일이 큰 것으로 많은 것들이 지향된다. 풍수 자체가 그렇다. 이 말은 필자가 여러 차례 여러 책에서 주장했다. '저 사람 스케일이 큰 사람이야'라고 제언하는 자들이나, 대상이 되는 당사자 모두 듣기를 좋아한다. 큰 스케일이 아주 긍정적인 양 치부되는 것도 사실이다. 4신사와 물이 풍수의 대명사처럼 사용되고 있기 때문이다. 4신은 장풍으로, 물은 득수로, 풍과 수는 풍수이지, 혈을 찾는 것이 아니다. 혈과의 관계마저도 직접적이지 않다. 진짜 진정인 혈의 증거는 6악과 3성 정도다. 즉, 4신사와 물로 혈을 찾을 방법이 있는 것이 아니라 거의 없다. 4신사가 좋다고 혈이 될까? 물이 좋다고 혈로 단정될까? 아니다, 찾을 방법이 전연 없다. 그래서 필자는 스케일이 작은 혈증을 위주로 연구하고 연마한 결과를 토대로 했다. 풍수는 밭에 콩을 심으면 콩이 나는 경우도, 팥이 나는 경우도 있다. 이에 비해 혈은 콩 심으면 콩 나고, 팥 심으면 팥이 난다. 혈증을 다스려 고집을 부릴 필요가 없다. 혈증을 찾아 혈이 이름 지어지면 거기에 맞는 장사 기법으로 장사하면 된다. 이것이 풍수가 아닌 혈이 되는 이유다. 이러한 의미에 뜻을 두고 8대 적멸보궁을 연구하고 분석을 할 것이다. 적멸보궁 속의 깊이 있는 의미를 되새기는 기회의 장이 되기를 바라면서 머리글로 대신하는 바이다. 풍수는 0%의 기적이다. 재미있는 배구시합이 있었다. 5판 중 3승을 먼저 하는 팀이 우승하는 방식이다. 먼저 2승을 한 팀이 이긴다는 것이 진리처럼 보였다. 얼마 전에 열린 여자 배구시합이 이 진리처럼 보이는 0%의 기적과 0%의 우승 확률의 상황이었다. 그러나 기적이 일어났다. 2패를 한 다음 내리 3승을 해 우승이 확정됐다. 바로 이 팀이 도로공사다. 이처럼 풍수의 혈은 그 0%의 진리이다. 올바른 혈 자리는 예상을 깨어버리는 0%의 기적과 확률이 있다. 바른 혈의 한자리는 이러한 힘을 가지고 있다고 확신한다.

하나를 더 붙인다면 1일은 24시간이다. 이 시간이 모여서 하루가 된다. 1달은 30일이 모이면 된다. 1년도 같은 의미다. 10년, 100년의 시간이 같은 원리로 구성된다. 하루 24시간은 3간으로 구분되며, 그들은 각각 8시간이다. 8시간은 일하고, 다른 8시간은 준비나 휴식 등 기타의 시간이 되며, 또 다른 8시간은 잠을 잔다. 이 시간은 의·식·주로 어떤 옷을 입어야 하며, 무엇을 먹어야 하고, 어느 곳에서 잠을 자야만 한다. 잠자는 곳이 집이고 자리다. 의식주(衣食住)는 공평하기도 하지만, 주는 차원이 다르다. 적멸보궁(寂滅寶宮)이 집으로 주거다. 이러한 의미에 주안점을 두고 연구했다. 바로 주거에 대한 혈증 분석이 될 것이다. 깊이 있게 성찰해 주어야 한다는 명제가 이 책에 있다.

2022년 11월

이재영

차례

시작하는 글 • 4

1장 적멸보궁이란 • 11

적멸보궁의 뜻 | 대상 | 목적

2장 선행 연구와 이론 설명 • 23

선행 연구의 분석 | 이론 분석의 이해

3장 혈이라는 이상과의 차이 • 65

묘지는 혈 자리에 가능 | 집은 사신사로 찾으면 오산 | 자연이 만드는 혈증 | 3간법으로 짓는 집 | 물을 지어야 하는 용진처 | 혈이 되는 용진혈적 | 우격 면상이 있고 누구 구곡이 되지 않는 곳이 혈 | 혈이면 묘지, 아니면 건물

4장 적멸보궁(寂滅寶宮), 적멸보탑(寂滅寶塔), 적멸보지(寂滅寶址)의 이해 • 73

적멸보궁 | 적멸보탑 | 적멸보지

5장 적멸보궁의 혈증 분석 • 79

인제 설악산 봉정암 | 영월 사자산 법흥사 | 정선 태백산 정암사 |
평창 오대산 상원사 | 양산 영축산 통도사 | 구미 태조산 도리사 |
대구 비슬산 용연사 | 고성 금강산 건봉사 | 서산 간월암 | 여수 향
일암 | 해남 도솔암 | 남해 보리암 | 남해 부소암

6장 적멸보궁의 기능 • 149

시묘살이 | 위계질서 | 혈 | 적멸보지 | 명산(名山)의 명당(明堂)
| 간룡(幹龍)에 의한 혈 | 5대 적멸보궁은 천혈 | 기도의 원칙 상좌
하향 | 식물에 가까운 혈

7장 혈과 집의 차이 • 155

오대산 중대 적멸보궁 | 양산 통도사 적멸보궁 | 차이점과 공통점

8장 문제와 해결 방안 • 159

설악산 봉정암 적멸보궁 | 오대산 상원사 중대 적멸보궁 | 영월 법흥
사 적멸보궁 | 정선 정암사 적멸보궁 | 양산 통도사 적멸보궁 | 구
미 도리사 적멸보궁 | 대구 용연사 적멸보궁 | 고성 건봉사 적멸보궁

9장 집과 묘지의 괴리 • 165

혈은 묘지일까? 집일까? | 혈은 어떻게 해야 할까? | 불국사와 제2 석굴암과 같은 호빗집 | 괴리에 대한 풍수인의 생각 | 집과 묘지의 혼용

10장 적멸보궁의 위치와 방향 • 171

아래로 보는 곳 | 위로 보는 곳 | 기운 | 이의 제기 | 개선 방안 | VIEW-POINT에 의한 절하는 자리 찾기 | 자리 선점자의 고뇌

11장 혈증 분석과 적멸보궁의 이해 • 179

건물은 어디가 적절할까? | 와혈 명당과 배산임수 | 자장율사의 풍수관 | 발복의 당사자는 누구일까? | 상골하시(上骨下侍)의 이해 | 적멸보궁의 품격 | 시묘살이와 적멸보궁의 변천 | 좌선룡과 우선룡의 기운 | 상좌하향인지, 상향하지인지의 여부 | 정시의 관점 | 기운에 대한 문제 제기 | 구시대 인물의 풍수 혈증에 대한 이해도 측정

마치는글 • 188

참고문헌 • 192

1장

적멸보궁이란

적멸보궁의 뜻

적멸보궁(寂滅寶宮)은 여러 가지 뜻이 존재한다. 적멸은 그중에서도 열반을 의미하는 뜻이 아마도 으뜸이 되리라 본다. 적(寂)은 고요할 적 자로, 멸(滅)은 멸할 멸 자로, 보(寶)는 보물을 의미하는 것으로, 궁(宮)은 집 궁으로 건물을 설명한다. 보궁은 축성된 건조물로 우리(사찰)가 평생을 살아가는 건축물이다. 건축물은 살아있는 사람들이 사는 주거지를 양택(陽宅)[1]이라 한다. 이에 비해 사람은 죽으면 땅속에 묻힌다. 이를 두고 음택(陰宅)이라 칭한 것이 지금까지의 풍수 종류다. 그러나 적멸보궁에는 이처럼 2가지 의미가 상존한다. 음택인지 양택인지에 대한 구별도 없이 같이 통칭한 것이 사실이다. 필

---

1 양택은 집 그리고 마을을 의미한다. 마을의 크기는 여러 가지로 구분된다. 고을 촌락 등 그 이상의 큰 마을을 양기로 구분하기도 한다. 이에 비해 음택은 묘지라 한다.

자도 적멸보궁에 관한 연구를 하면서 이해할 수 있었다. 사리는 어디에 묻혀 있는 것인가. 의문을 가질 수밖에 없다. 적멸보궁의 집 안인가, 아니면 사리가 묻힌 곳이 따로 있는가이다. 그것도 아니면 이 두 가지를 같이 묶어 적멸보궁이란 의미로 사용하는 것인가에 대한 의문이다. 이러한 전제를 두고 접근해 보는 방법으로 연구를 했다. 먼저 이해를 해야 할 것이 있다. 우리의 전통적인 장사는 어떻게 진행되었는가에 대한 절차상의 방법이다. 시묘(侍墓)살이란 의례가 이것이다. 사람이 죽으면 지표면의 땅을 파서 시신을 넣어 장사를 지냈다. 그런 다음 제사를 지내기 위해 3년, 5년, 7년 상을 했다. 이때 행한 것이 시묘살이다. 잘났거나 못났거나 간에 마지막으로 부모의 죽음을 살피는 행사가 시묘살이다. 이러한 예시는 언제부터인지는 몰라도 고려장(高麗葬)의 의미도 들어 있었을 것으로 이해된다. 다만 고려장은 고구려 시대가 먹을 것이 없고 사회생활의 여건이 빈약한 시대인 만큼 살아 있는 생자를 장사 지낸 것으로 이해되지만, 시묘살이와는 차이가 있었을 것이다. 다만 절차나 예법은 서서히 변천되었을 것으로 보는 것이다. 이러한 예시로 살펴볼 때 적멸보궁도 시묘살이의 유행이 아니었을까 하는 생각이다. 자장율사가 외국에서 귀하게 들여온 사리를 관리하고 보호하는 차원에서 최고의 자리에 봉양한 것으로 평생토록 이를 지키는 보호처가 필요했을 것이다. 그러한 집이 적멸보궁으로 이해된다. 그 후 세월이 흘러 시류의 영향으로 일반 신도들에 의해 기도를 올리는 기도처로 발전하게 된 것으로 본다. 따라서 초창기에는 관리하는 차원에서, 세월이 흘러서는 신도들을 위한 기도처로 발전된 것이 오늘날의 적멸보궁이란 건축물이 아닌가 한다. 직접적인 이해관계는 적멸보궁이 사리함을 보고 있는 지향점이라는 사실로 이를 증명하는 듯하다. 사리를 관리하고 공경하는 의도로 적멸보궁 어디를 보아도 적멸보궁의 건물보다는 상위(上向)에 있다. 집인 적멸보궁이나 사리를 봉안한 터가 혈인지에 대한 분석은 장을 달리하여 연구될 것이다.

대상

5대 적멸보궁은 설악산 봉정암, 양산 통도사. 오대산 중대, 정선의 정암사, 영월 사자산 법흥사이다. 8대 적멸보궁은 5대 적멸보궁에서 도리사의 적멸보궁, 용연사의 적멸보궁, 건봉사의 적멸보궁을 더하면 된다. 이들의 구체적인 위치는 인터넷에서 5대와 8대 적멸보궁을 치면 아주 자세히 나타난다. 일반적인 사항과 풍수적 안목까지도 발취하여 보는 기회의 장이 될 것이다. 더하여 섬 안에 있는 간월암과 여러 곳에서의 암자에 대한 풍수지리적인 분석을 하였다.

봉정암은 사암(사찰+암자) 중에 규모 면에서는 일반사(찰)보다 품격이 낮은 암(庵)으로 명명되어 있다. 하지만 작은 고추가 맵다는 말이 통할 정도로 결코 작은 암자가 아니다. 진입하는 방법에 있어 봉정암의 적멸보궁은 고난의 행군이다. 필자는 육군 보병 부대 병장 출신이다. 3차례 봉정암을 다녀왔지만, 갈 때마다 새롭고 힘이 무척 많이 드는 곳으로 왕복 10시간 이상의 행군이어야 한다. 체력 단련이 되어야 접근이 가능한 곳으로, 가기 전에 기초 체력을 배양해야 실수

하지 않는다. 특히 당일치기 관산은 반드시 단련이 필요하다. 한편으로 봉정암에서의 1박이 권장되며 적극적으로 추천한다. 그릇 하나에 밥과 미역국에 무짠지가 유일한 일식 일찬이다. 집에서 이렇게 먹는 사람은 드물 것이다. 밥과 무가 꿀맛이다. 고행(苦行:奇行) 후의 밥 한 공기는 그 무엇과도 비교할 수 없다. 가 봐야 답이 된다. 젓가락이 없고 숟가락으로 먹고 지위고하를 불문하고 본인이 제 밥그릇을 설거지한다. 봉정암에 사전 예약한 후 야간 기도하는 자세가 필요하다. 불자가 아니어도 좋다.[2] 본인의 체력을 검정하는 기회도 되지만 한 시간이라도 기도하고, 기원하는 마음으로 사리탑에서의 혈 자리 명상은 의미가 있을 것이다.

오대산 중대의 적멸보궁은 용과 맥을 공부하는 곳으로 이채롭다. 산 능선의 묘한 기운이 감지된다. 왼쪽 손가락을 감아서 보면 〈그림1〉의 손가락 모양처럼 굴곡진 형태가 된다. 중대 적멸보궁을 혈증으로 읽어 보는 눈요기가 일품이다. 감아진 손가락의 형태가 나타나는 곳이다. 물론 혈증이 있는 곳이기도

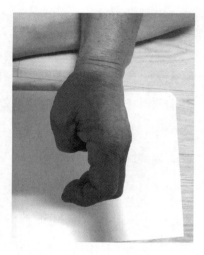

〈그림1〉 왼쪽 손가락의 모양

2 예약 시 물으면 어느 사찰의 신도라고 말해야 한다. 신도가 아니면 예약이 되지 않기 때문이다. 오직 불자들만의 공간이라는 주장을 강조하기도 한다.

하지만, 등산 삼아 올라가도 손해 볼 것이 없는 곳이다.

영월 사자산 법흥사의 적멸보궁은 여름철 계곡에 인파가 많이 몰릴 정도로 물이 좋고, 풍치가 좋은 곳이다. 대형의 전나무와 숲 그리고 자연의 보고다. 이곳은 풍수로 보는 것이 아니라 혈증으로 보아야 길흉의 여부가 결정될 것이다. 유심히 관찰하는 혈 탐구자가 되어야 한다.

정선 정암사의 적멸보궁은 유일하게 보(寶)가 빠진 적멸궁으로 현판이 되어 있다. 천연 보호수종인 열목어가 사는 사찰로 사리탑은 전석으로 만들어져 있다. 차를 주차장에 주차한 후 10분 이내로 주변 관찰이 가능한 사찰로 교통은 오지이지만 접근로는 아주 좋다.

양산 통도사의 적멸보궁은 다른 사찰과 달리 평탄지에 세워진 사찰이다. 3단으로 구획되어 있으며 관람하기가 아주 편안하지만 그렇다고 볼거리가 없는 것이 아니다. 오대산 용안수가 진응수로 알고 있는 풍수인들이 있지만, 이곳에 있는 구룡지(九龍池)는 적멸보궁의 진응수로 평가된다. 적멸보궁의 현판 이름[3]도 4개로 측면이 따로 없는 정면성이 특이하며 조선왕릉에 있는 j자 형의 정자각 건물과도 유사하다. 심도 있는 의미를 되새기는 기회가 되었으면 한다. 사리함과 적멸보궁을 찾아보는 곳으로 그만한 값어치가 있다. 다만 혈증으로 찾

---

3 동서남북으로 대웅전, 대방광전, 금강계단, 적멸보궁으로 각각 이름이 다르게 현판 되어 있다. 이곳을 제외한 4대 적멸보궁으로 현판이 정해져 있는데 이곳에는 4개의 이름이 현판이 되어 있어 아주 흥미롭고 특이하다.

아야 하는지, 아니면 양택 3간법으로 찾아야 하는지에 대한 판단의 방법론에 대한 의미가 상당히 깊은 곳이다.

구미 태조산 도리사의 적멸보궁은 급경사지로 여름철 많은 강우와 겨울철 눈으로 인한 도로 결빙 등은 진출입로 및 안전상의 문제가 예상되는 곳이다. 그러나 요소요소마다 작은 소 능선에 건물이 위치한 관계로 사찰의 안전에 대해서는 염려가 덜한 곳이다. 아도화상이 창건한 건물로 알려져 있다.

대구 비슬산 용연사의 적멸보궁은 두 군데로 나누어진 구역으로 올라가면서 하천을 경계로 좌측 상단부에 위치한다. 신라 신덕왕 1년 (912년)에 보양국사가 창건한 사찰이다. 용연사의 금강계단은 통도사의 금강계단, 금선사의 방등계단과 더불어 우리나라의 대표적인 계단(戒壇)이다. 계단은 승려들의 계를 받는 단이다.

고성 금강산 건봉사의 적멸보궁은 불·법·승의 3보 사찰 다음으로 규모면에서 4대 사찰로 알려진 곳이다. 이곳은 대구 용연사처럼 두 구역으로 나누어진 사찰이다. 골짜기를 기준으로 올라가면서 좌측 편 구역 제일 높은 곳에 있는 사찰이며 우리나라 최북단에 있다.

목적

5대와 8대 적멸보궁에 대한 분석이 첫 번째 목적이다. 풍수가 아닌 혈증의 분석 여부이기 때문이다. 말로만 하는, 혹은 풍수로만 판단하는 것이 아니라 혈증으로 혈을 분석하는 데 의미가 있다. 이에 대해서는 2가지다. 먼저 적멸보궁이라는 건물의 혈 여부와 사리가 묻힌 곳이 혈인지를 판단하고, 아니면 2개소 모두 혈의 여부를 판단하는 데 의미가 있다. 적멸보궁은 건물로서 양택이고, 사리가 묻힌 곳은 음택이다. 즉, 음택이 자리인지, 아니면 양택인 적멸보궁이 자리인지의 기로가 될 것이다.

한편 사리가 있는 곳이 혈이라면 별도의 이름이 되어야 할 것이다. 적멸보궁이란 이름으로 양택과 한데 묶여 같이 사용되는 것은 정상적이지 않다. 일반적으로 적멸보궁은 집이지 사리가 존재하는 곳이 아니기 때문이다. 통칭하여 사용한다면 사리함이나 사리탑 등은 의미가 퇴색되기에 별도의 명칭이 있어야 한다. 주객이 전도되면 곤란하다. 사리함이나 사리탑은 '터'다. 터는 터 지(址) 자로 사용되어야 할 것이다. 그렇다면 '적멸보지(寂滅寶址)'라는 새로운 이름이 가능하다. 이에 관한 연구가 분명 필요할 것이다.

이에 따라 혈 4상의 유무가 궁금하다. 와혈인지, 겸혈, 유혈, 돌혈인지에 대한 혈의 이름이 기본이기 때문이다. 혈 이름이 명명되어야 장사에 관한 판단 방법이 성립된다. 어떤 측면으로 보면 가장 중요한 목적이 아닌가 하는 의아심이 생기기도 한다. (원체 대단히 중요하게 다루는 적멸보궁이기에 풍수인들의 혈 사항은 대단하지 않게 다루어지는 것이 심히 우려되기도 한다.)

다음은 풍수 혈에 대한 시대적인 감각을 판단하는 계기가 될 것으로 기대된다. 풍수는 신라, 고려, 조선을 지나 지금까지 점진적으로 발전되고 계승되었다. 풍수가 지금까지 일부나마 연구되고 평가된 것에 반해 혈에 대한 평가는 미흡했던 것도 사실이다. 따라서 시대적인 시간문제를 결정짓는 혈에 대한 잣대를 평가코자 한다. 이 시기는 신라 선덕여왕의 시대로 의상대사의 작품이 주목된다. 혈(의상대)로 판단한다면 그 당시 혈증에 관한 논리가 존재했을 것으로 평가되는 데에 대한 새로운 하나의 전환점이 될 것으로 기대되기 때문이다.

다음은 사리에 대한 기운(발복)의 문제다. 이러한 예는 태봉(태실)의 의미와도 관련된다. 태실은 태를 묻어 놓은 곳이다. 즉, 사람의 태와 사람의 사리가 서로 간 이해관계 여부다. 풍수의 이상 차원에서 사람의 태와 죽은 자의 사리는 기운이 어떻게 서로에게 영향을 주는지에 대한 문제다.

마지막의 시선 효과가 관심이다. 적멸보궁은 사리 지(址)와의 관계다. 적멸보궁이 사리 터를 보고 향(向)하는 시선으로 상호 앙부(仰俯)가 되며 이를 측정하면 앙각 또는 부각이 된다. 적멸보궁이 사리 터를 보는 관계가 일반적이지만 위에서 아래로, 혹은 아래에서 위로 보는 앙부를 판단하는 데도 의미가 있을 것이다. 상하(上下)나 하상(下上)의 개념에 의한 내용이 앙부로 산(生)사람에게 유리한지, 사자(死)에게 유리한지도 궁금한 상황이다.

그다음은 선룡(旋龍)에 관한 연구다. 사찰은 신도들의 도움으로 발전한다. 이를 혈증으로 분석하고자 하는 의도로 좌선인지, 우선인지에 대한 분석이 이를 갈음한다. 좌선이면 불가의 인물이, 우선이면 사찰의 재정적인 문제가 암시되기도 한다는 것이다.

최종적으로 적멸보궁은 사리를 봉안한 집으로 생각하는데 그에 따른 목적이 무엇인지에 관해서도 연구의 의미가 있다고 본다. 일반적으로 시묘는 간단한 움막 등으로 집을 지어 3년 정도 기간을 정해 묘지를 관리하고 제물을 올리는 것을 의미하는데 적멸보궁도 이러한 목적과 일치하는지에 대한 연구가 있어야 할 것으로 보인다. 지금은 시대적인 시류로 기복을 목적으로 전환된 것이 아닌지도 간주해 볼 필요가 있을 것이다.

하나만 더 추가하면 적멸보궁인 집과 사리가 봉안된 사리탑 등과의 선후 관계에 관한 연구다. 이는 단순한 논리인 것 같지만 어떤 의미가 틀림없이 존재할 것으로 생각되기 때문이다.

거듭 추가하면 혈의 우선순위는 9수로 갈음된다. 9수가 조건을 갖추고 있다면 빈틈이 없는 만점짜리 혈이 될 것이다. 아니면 하나라도 부족한 측면이 도출될 것이다. 이를 유심히 살피고 관찰하는 기회가 되었으면 한다.

다음은 적멸보궁에 대한 우선의 여부다. 적멸보궁의 여러 가지 혈 증인 요소들의 분석이 필요할 것이다. 적멸보궁은 '다 좋을 것이다.' 라고 하는 명제는 재미가 없고 무미건조하다.

이상의 목적처럼 여러 가지에 대한 근본적인 이유는 아주 단순하다. 깊은 오지임에도 불구하고 많은 사람이 운집하고 사찰의 규모가 크고 등산객과 함께 기도 도량으로 명성을 드높인 곳이 적멸보궁이기에 혈의 여부가 의문시된 것도 사실이다. 이처럼 적멸보궁은 많은 의문점에서 출발된 것으로 혈에 대한 여러 가지 판단의 목적이 있다.

하나를 더 보태면 절을 하거나 휴식을 취하는 문제다. 건물이 혈이라면 쉼이나 기도를 어떻게 하여야 하는지, 또는 혈 자리가 비어 있다면 상으로, 혹은 아래를 보고 쉬어야 하는지에 대한 선택적 문제다.

차원을 달리해서 시류에 관한 문제가 있다. 5대 적멸보궁은 643년 경 자장율사 1인에 의한 창건의 작품이다. 이에 비해 8대 적멸보궁인 용연사는 신라 신덕왕 912년에 보양국사가, 건봉사는 520년 아도화 상이, 도리사는 417년에 같은 사람인 아도화상이 창건했다는 사실이 다. 5대라는 적멸보궁과 8대라는 적멸보궁의 차이는 자장율사에 의 한 5대 적멸보궁과 용연사를 제외한 건봉사와 도리사의 창건주가 아 도화상으로 정리된다. 따라서 자장율사와 아도화상의 풍수 혈증에 관한 연구의 정도(定度)를 간접적으로나마 이해할 수 있다. 이러한 연구는 통상 시대적으로 풍수의 정도는 조선이라고 하는 설과 신라 라고 하는 설, 중첩적으로 해석되는 경향도 있기 때문이다. 올바른 예시도 없으면서 큰 소리로만 말하는 풍토는 없어야 하기에 간접적 으로나마 접해보고자 하는 데 의도가 있다. 다만 예시가 부족한 만큼 결과를 인정할 수 없다는 한계가 있다.

2장

선행 연구와 이론 설명

선행 연구의 분석

선행 연구를 분석하는 이유는 먼저 질과 양으로 많이 다루고자 하
는 데 있다. 질로는 이미 여러 연구자의 논리를 섭렵하여 더 좋은 방
향으로 진행하는 데에 뜻이 있고, 양에 대해서도 질과 마찬가지로 깊
이 있게 다루고자 하는 데 있다. 하지만 생산된 자료가 많이 발견되
고 있지 않다. 먼저 삼보 사찰의 으뜸인 양산 통도사에 대해서는 통
도사의 주산과 안산이 본 사찰에 영향을 주고 있다고 하면서 주산이
혈처에 직접적인 영향을 미친다고 했다. 특히 주산의 형태에 따라 혈
의 결지 여부가 결정된다고 주장하면서 탐랑성 주산은 유두혈, 거문
성은 와혈, 무곡성은 겸차혈, 녹존성은 이벽두혈, 문곡성은 장심혈,
파군성은 과모혈, 좌보 · 우필성은 연소혈로『감룡경』과『의룡경』을
빗대어 통도사는 탐랑성으로 유두혈이 가장 적합하다고 표현했다.[1]

---

1   이들 9성은 하늘에 있는 별로서 이를 땅에다 접목시킨 것으로 살상은 별로 얻
    을 것이 없다.

한편 형국을 논하면서 대취귀소형, 청룡농주형, 모자유상형 등으로 주산이 묘사됐다.[2] 이에 대한 필자의 의견은 다음과 같다. 첫째는 혈을 언급하면서 구성에 대한 설명으로 주산과 안산으로 일갈(一喝)했다는 것이다. 주산과 안산이 4신사로 표현된 듯하다. 4신사는 장풍(藏風)으로, 혈의 개념과는 거리가 있고, 4신사로 본다면 주산보다는 현무로, 안산은 주작으로 보는 것이 논리상 맞다. 4신사는 풍수에서 바람이지만 이를 두고 혈과 관련 짓는다는 사고는 무리다. 다른 한편 9성으로 혈을 분석한다는 것으로, 혈의 4상과는 분류상 질적인 차원이 다르다. 혈의 분류인 4상은 정통한 분류법이며 가장 일반적인데, 9성으로 혈상을 논한다는 논리는 혈의 특성이나 이념상으로도 통용되기 어렵다. 이러한 논리로 볼 때 혈의 4상으로 분류하는 것이 가장 올바른 분류 방법이라고 생각한다. 그 이유가 혈증을 분석해야 한다는 원칙으로, 혈은 혈증으로 다루어야 하기 때문이다. 두 번째는 자리를 언급하면서 형국으로 표현된 부분이다. 혈의 논리를 두고 언급한 이 표현은 연구자의 주관적인 논리가 너무 커 보인다. 물론 필자도 풍수가 천편일률적인 개념보단 다양성과 확장성의 측면으로 해야 한다고 언급하긴 하였지만, 표현상 무리다. 형국은 보는 사람이나 생각의 여부에 따라 차이가 다양하고 혈과 형국의 결론(結論)은 불이(不二)가 아니다. 표현상 위험성이 있는데도 불구하고 형국의 논리로 언급한다는 것은 혈의 정당성 차원에서도 바른 논리가 아니다. 왜 그런가 하면 혈은 혈증으로 다루어야 이해가 된다. 혈증이란 학문적 범

---

2 박정해, 『불교풍수』, 씨아이알, 2016, pp. 8-16.

주가 엄연히 존재하고 있는데도 불구하고 혈증의 이해 없는 혈 연구는 의미가 없기 때문이다.

다음은 상원사 중대의 적멸보궁 연구다. 오대산에 대해서는 용의 분류로 언급하면서 생룡, 강룡, 순룡, 진룡, 복룡으로 나누며 생룡이 되어야 한다고 주장했다. 적멸보궁에 대해서는 기룡혈로 이루어진 대표적인 곳으로 명당이라 언급했으며 부가적으로 형국에 대한 평가도 구색 맞추기로 설명했다.[3] 이에 대해 2가지 정도로 의문이 간다. 첫째는 용의 분류로 자리를 정한다는 논리다. 앞에서도 언급한 것처럼 혈은 혈증으로 다스려야 되는데 용의 분류로 혈 찾기가 가능한가에 대한 평가다. 강룡, 복룡, 생룡이든 간에 용으로 자리를 구한다는 논리는 너무 비약적이고 논리상 이해 불가다. 앞에서 중첩적으로 논한 것처럼 용이 아무리 좋다고 하더라도 혈의 여부가 직접적으로 결정되는 것은 아니기 때문이다. 하물며 혈의 요소인 입수, 전순, 선익을 언급하면서도 이들 요소에 대해서는 설명이 전연 없다. 혈은 혈증으로 다스려야 하는데도 말이다. 다음은 기룡혈이다. 기룡혈은 혈이 진행되는 논리에 관한 흐름을 염두에 두고 언급한 것인데 형태를 두고 혈이라고 하는 것은 상투적인 말이지 공식적인 혈 4상의 이름이 아니다. 혈의 4상은 와혈 · 겸혈 · 유혈 · 돌혈이다. 이 범주에 들어가는 말이 되어야 올바른 혈명(穴名)이다. 따라서 기룡혈이라고 주장하는 용어는 혈의 여부를 다루는 문제에 대해서 사용해서는 곤란하다.

---

3   박정해,『불교풍수』, 씨아이알, 2016, pp. 262-272.

다음은 5대 적멸보궁에 대한 정령화 연구다. 정령화는 산세, 지세, 수세, 좌향, 혈장, 비보에 대한 방법의 분석이다. 산세는 용으로, 지세는 4신사로, 수세는 물로, 혈장은 정혈로, 비보로 분석했다. 즉, 용 · 혈 · 사 · 수 · 향의 5요소에 대한 분석이다. 특히 혈세는 입수와 선익, 당판 정도로 분석했다.[4] 하지만 세부적인 내용에 의한 분석은 미비하다. 혈증을 분석한 내용이 전연 없다. 단 요소별로 점수화한 점은 이채롭다. 하지만 혈은 혈증으로 증명해야 함에도 이들에 대한 배점은 미흡했다. 수박을 깨뜨려 먹어야 하는데 겉만 맛보는 정도로는 미약하고 혈에 대한 혈 맛의 의미를 모른다. 혈증인 6악과 3성, 4상마저도 분석이 없는 무미건조한 분석으로 연구된 구조다. 정량화(계량화 분석)에 대해서는 나름의 효과가 있다고 본다. 다만 혈이라는 과정에서 혈증에 대한 분석은 의미가 퇴색된다.

다른 내용으로는 적멸보궁의 변천과 사상의 불교적인 사항으로 일연을 통해서 본 5대 적멸보궁에 대한 정합적 이해에 관한 연구로 풍수 혈적인 내용과는 상당한 거리가 있다. 실제로 풍수지리학의 외적인 연구로 혈증과는 거리가 있으며 불교학적인 내용이다.[5]

또 다른 내용으로 통도사에 대해서는 현무봉을 중심으로 내려오다가 멈춘 곳이 혈이라고 주장되고 있고 형국으로도 길한 것으로 설명되고 있다. 법흥사에 대해서는 4신사로 완벽한 산세를 갖추었다고

4 노태봉, 「5대 적멸보궁 입지 공간에 풍수지표를 적용한 정량화 연구」, 인문사회과학연구, 제23권 제2호, 2022. 05. 31, pp. 584–596.
5 장성재, 「적멸보궁의 변천과 사상 – 일연을 통해 본 5대 보궁에 대한 정합적 이해–」, 한국불교학 제67집, 2013.10.31. pp. 125–159.

분석되고 있다. 오대산 상원사에 대해서는 진응수에 대한 의미를 용의 눈물로 묘사해 좋은 자리로 판단하기도 했다. 봉정암에 대해서는 여러 풍수 형국으로 이름이 나 있는 곳으로 설명했다. 정암사에 대해서는 장풍국이 되어 좋으며 형국으로도 좋다.[6]

한편으로는 혈증을 설명하는 것으로 얼굴의 산근, 결인, 만두, 전순, 용안수, 기룡혈 등의 용어로 나열되어 있으나 혈증에 대한 구체적인 언급이 없다는 사실이다. 다른 한편으론 형국으로 설명되거나 부가하여 동서남북의 4신사가 좋아 중대인 적멸보궁의 자리가 명당이라고 설명되기도 했다.[7] 또한 우리나라에는 8대 적멸보궁이 있는데도 불구하고 5대 적멸보궁에 관한 연구만 있을 뿐이다. 풍수지리 혈증 연구는 첫째 양적으로 많아야 함에도 5대에 대해서만 연구가 있어 이에 대한 연구로 8대의 적멸보궁에 관한 연구를 함께했다. 둘째는 질적인 문제다. 질에 대한 논의의 대상이 혈증이기 때문이다. 지금까지의 연구가 대부분 4신사인데 이를 뛰어넘은 부분인 6악과 3성에 대한 연구가 되어야 비로소 제대로 된 풍수 혈증의 연구가 될 것이다. 이에 대한 선택으로 5대 적멸보궁에 3개를 더한 8대 적멸보궁에 대한 연구를 병행하여 할 것이다.

이처럼 4신사로, 아니면 형국으로 분석된 풍수가 대부분이다. 4신사와 형국에 대한 분석으로 혈증을 놓고 분석하는 것과는 차이가 크

6 문종덕, 「풍수지리와 사찰입지에 관한 연구 – 5대 적멸보궁을 중심으로 –」, 세명대학교 대학원 지역개발 부동산학과, 2019, pp. 22-51.

7 권기완(문광), 「오대산의 풍수지리적 위상과 탄허의 화엄학적 풍수관」, 『대각사상』 제37집, 2022, pp. 225-226.

다. 혈은 혈증으로 분석하여야 함에도 직접적인 관계가 없는 4신사와 형국으로 분석한 것이다. 따라서 필자는 혈을 찾는 방법으로 혈증에 대한 분석에 집중해야 할 것으로 생각한다. 출간된 서책과 논문이 소수이지만 아무도 혈을 분석하면서 혈증의 여부를 분석하는 데는 접근하지 못했다. 이런 차원에서 필자는 먼 곳의 거시적인 문제가 아니라 쇠뿔도 단김에 뽑아 버린다는 심정으로 빙빙 돌아가지 않고 직설적인 방법을 채택할 것이다. 혈증인 1j, 2선, 3성, 4상, 5순, 6악, 7다, 8요, 9수, 그리고 10장이 혈을 찾는 답이다. 물론 혈만을 연구한다고 하여 풍수지리를 나 몰라라 하는 것은 아니다. 풍은 지상의 바람을 다스리는 객체며, 수는 땅속을 지배하는 물체이기 때문이다.[8]

이론 분석의 이해

1) 이론 분석에 대한 고민

(1) 풍수 5요소 ━━━

풍수 5요소는 용·혈·사·수·향으로 구분한다. 이들 5요소가 풍수는 될지라도 혈을 제외한 나머지들은 혈을 찾고 확인하는 데 무리다. 아니 혈을 찾는 데는 전연 도움이 되지 않는다. 이에 대하여 사실 많은 고민이 되었다. 용은 백두산에서부터 시작된다고 하면서,

---

8   김주태, 『명품고택 명품 강의』, 열린서원, 2017, pp. 51-55.

혹은 곤륜산(에베레스트 산)으로, 사는 4신사로 청룡이 좋다면서, 또는 백호가 좋아서 명당이라면서, ……, 물이 좋아서, 형국이나 좌향이 좋아서 등으로 시작되는 논리로 현장에서는 풀어간다. 그런데 여러 차례 언급한 것처럼 용이, 4신사가, 물이, 향이 좋으면 혈인가에 대한 물음이다. 필자는 이게 궁금했다. 이걸로는 시간이 지나도, 답이 없다. 혈은 혈증으로 풀어가야 한다는 원칙이 증명되고, 해결된다. 한편 풍수 고전의 대표 주자인『인자수지』의「혈론」에서도 그림으로 강조된 것이며, 필자의 서책인『혈 인자수지』에서도 강조한 바 있다. 고민에 고민을 더해 혈증을 연구한 가장 큰 이유다.

(2) 키치 ▬▬▬

풍수에서 키치(kitsch)[9]는 말썽꾸러기이다. 수맥봉, 기맥봉, 미신, 기운 잡이, 사신사나 용맥 등의 주창자가 키치다. 마치 사이비가 판치는 세상의 현장 같다. 바로 그들의 내용들이 키치다. 필자의 서책 여러 곳에서 혈증이란 내용으로 혈에 대한 분석이 많다. 엄연히 자연에는 혈증 6악이 존재하는데도 불구하고 이러한 키치를 사용하고 있기 때문이다. 필자나 근래의 서책에서 주장된 혈증이 자연에 없다면 키치는 키치로서 정당화될 것이다. 자연에도 있고 풍수고전이나 근래의 서책에서 주장되고, 현장에 존재함에도 이처럼 키치가 오히려 올바른 것처럼 논해진다는 사실은 반드시 문제가 많다.

9　최재군 · 장미란,『문화재수리 조경기술자』, 도서출판, 2010, pp. 646-647.

(3) 피아의 문제 ▬▬

피아(彼我)는 상대와 나를 의미한다. 저의 뜻을 가진 피와 나의 뜻을 가진 아를 표현하는 말이다. 이 말이 혈에도 같은 논리로 풀이된다. 혈에 있는 인물이 누구냐에 따라 달라지기 때문이다. 먼저 묘지를 보면 이해가 될 것이다. 묘지가 혈이라면 후손에게 기운이 미칠 것이다. 집이 길지라면 그 집안에서 산 사람이 기운을 받을 것이다. 생과 사의 기운 차이가 난다. 혈의 기운이 작다고 하더라도 집과 묘지에 따라 기운이 달라질 것이다. 죽은 사람인지, 살아 있는 사람인지에 따른 생과 사의 문제이다. 이에 비해 혈 자리인 묘지에 죽은 사람이 들어가면 후손이 기운을, 예를 올리는 자리가 혈 자리라면 예를 올리는 사람이 받을 것이다.

그다음은 묘지의 혈과 집의 자리라면 상(上)을 보고 예를 올리는 것이 풍수 상식화 되어 있다. 이에 비해 아래(下)인 전방의 안산을 보는 것은 아주 자연스럽다. 그렇다면 혈과 길지라는 공통점 아래 어느 곳을 보고 있어야 하는지가 문제다. 이러한 논점에서 적멸보궁에 대한 지향점은 한계가 분명 있을 것이다. 이에 관한 연구가 반드시 되어야 할 것이다.

(4) 미러링 효과 ▬▬

풍수지리 관산은 아주 다양하다. 그중에서도 기맥이나 수맥 혹은 산이나 물가 등에서 기운을 받은 것이라 하면서, 또는 신에 의한 계시로 잡다한 풍수설을 주장하는 등 아주 많고 다양하다. 이러한 논리는 전문가가 아닌 일반 다수인에게는 더러 먹히곤 한다. 하지만 이

것은 풍수지리가 아니다. 더군다나 어느 시장이나 음식을 만들어 파는 가게가 기운이 있는 것처럼 풍수지리 명당화하는 것은 더더욱 바른 꼴이 아니다. 풍수가 아니기 때문이다. 즉, 풍수가 아니라 그냥 '기운이 좋네.'라고 하면 될 것이다. 굳이 풍수를 차용(借用)해 와서 '풍수' 자를 붙여야 한다는 말은 아니란 말이다. 아무리 넓게 보아도 용·혈·사·수·향으로 최소한 설명이 이루어져야만 할 것이다. 서울이나 부산, 대구의 시내권에 있는 식당 등이 어떻게 풍수지리가 된단 말인가? 이는 아니다. 이러한 차원에서 제대로 된 설명이 필요하다. 올바른 관산의 설명은 혈증이다. 혈증 위주로 설명된 현장이야말로 미러링이 된다. 풍수 설명에는 혈증의 미러링 효과[10]가 나타날 것이다. 흉내 내고, 따라 하는 필자의 졸저『혈증십관십서』의 설명은 그야말로 미러링 효과다.

(5) 혈 증명의 단순화

이론의 분석이 쉽게 이해하고 외울 수 있는지에 대한 목차(目次)가 가장 큰 고민이었다. 고민에 고민을 아주 여러 차례 한 것이 사실이다. 분석하고, 해석하고, 기억하는 문제로 많은 고민이 있었다. 그리고 설명하는 내용도 쉽게 풀이되어야 한다는 생각이 앞섰다. 주 내용을 가장 간편하면서도 중요도에 따라 1j, 2선, 3성, 4상, 5순, 6악,

---

10 설명자를 흉내 내고 따라 하다 보면 그에 따른 효과가 나타나는 것을 의미한다. 하물며 싸우더라도 긍정적인 것이면 따라 하게 되는 효과가 미러링 효과다. 풍수를 설명하는 현장에도 이러한 미러링을 보고 따라 하다 보면 설명자에 근접하는 곳까지 도달하게 될 것이다.

7다, 8요, 9수, 10장으로 단순화했다. 가장 앞서면서도 중요한 것이 1j다. 다음이 선룡으로 2선이다. 3개로 구성된 것이 3성이다. 4상은 혈의 이름이다. 5순은 5개의 전순 모양으로 장사 시 조건 없이 이해되어야 한다. 특히 유혈과 돌혈에선 이 혈증이 기본이다. 6악은 직접적인 혈증이다. 혈을 증명한다는 기본이면서 제일 중요하다. 7다는 '다'로 끝나는 간접적인 혈증의 모양이다. 8요는 장사에 가장 필수적인 단계다. 와혈과 겸혈의 기본이 된다. 9수는 이차적으로 거듭 검증하는 것이며 혈의 품격을 다룬다. 10장은 장사다. 혈을 찾는 1관법 등이 100%이고, 장법이 100%로 보지만 그에 따른 비중은 장법으로 무게의 추가 더 기운다. 이상과 같은 의미는 수리에 맞게 정리했다. 외우기 쉽고, 이해되게 해석이 되도록 한 것이다.

2) 혈증들

혈증에 관한 분석은 『대통령, 풍수 혈로 말하다』[11]가 참고된다. 이론 분석의 대부분이 혈증에 관한 것이다. 풍수지리는 5요소로 용은 간룡과 지룡으로, 혈은 정혈(正穴, 定穴)로, 사는 4신사로서 장풍으로 변호하며, 수는 물인 득수로, 향은 좌향으로 치환(置換)할 수 있다. 이외에도 비보와 엽승 형국 등이 있다. 5요소 중에 주가 되는 풍수 요소는 사신사와 물이다. 사는 장풍의 풍에서, 수는 득수의 수로

---

11 이재영, 『대통령, 풍수 혈로 말하다』, 책과나무, 2022, pp. 32-67.

사용된다. 장풍의 풍과 득수의 수를 풍수로 대변한 것이다. 풍수 속에 혈은 어디에도 없다. 이렇게 지내 온 세월이 고려, 조선, 근대, 현대 지금까지 왔다. 이처럼 앞으로도 이러한 용어인 풍수라는 대명사는 계속 진행되어 나아갈 것이다. 하지만 필자는 억세게 부정한다. 풍수가 아니라 정혈이라고, 그것도 장사와 연계하면서 하는 말이다. 그래서 정혈(正穴)을 정혈(定穴)로 표현을 한 것이다. 앞의 정혈은 올바른 혈이다. 그다음 정혈은 장사임을 밝힌다. 두 번째는 현장의 혈 탐사 방법이다. 먼 거리를 두고 하는 말의 망원경 투시의 거시적 방법이 있고, 가까운 거리의 현미경적인 미시적 투시 방법이 있다. 거·미시의 방법으로 어느 것이 앞선다는 의미는 실제로 의미 없다. 다만 필자의 경험론적인 법칙이 있다. 용인 간룡으로 혈을 찾을 방법이 있을까? 사인 4신사로 혈을 찾을 방법이 있을까? 수인 물로 혈을 찾을 방법이 있을까? 향인 좌향으로 혈을 찾을 방법이 있을까? 아니면 혈을 제외한 용·사·수·향 전체로 혈을 찾을 방법이 있을까? 이들은 아니고, 없고, 거짓이며, 허구다. 혈은 혈증으로 찾아야 제대로 된 탐사가 될 것이다. 필자의 100% 지론으로 이마(경륜)에 별이 3개나 붙었다. 아무리 해봐도 전체로나 혈 이외는 답이 없다. 오직 혈증이 혈을 찾는 지름길이다. 이들이 1j·2선·3성·4상·5순·6악·7다·8요·9수·10장으로 십관십서(十觀十書)다. 먹고 씹고 삼키고 외우면 십관십서는 아주 편하게 이해될 것이다.

혈은 혈증 위주로, 위와 같음에도 불구하고 '풍수무전미(風水無全美)'라고 하여 혈은 온전한 것이 없다고 한다. 이러한 말은 풍수지리의 본질에서 엄청나게 멀어진 해석이다. 어떻게 혈과 혈증 대신 이러한 풍수무전미로 미화를 하는 것인지에 대해 알아야 할 것이다. 첫째로 혈이나 혈증의 무시다. 혈을 모르므로 이로 인한 무지가 전부다. 선익을 한 번이라도 보았다면 이러한 '풍수무전미'라는 말을 할 수가 없을 것이다. 두 번째는 혈에 대한 이해의 부족이다. 제대로 된 교육을 받아 본 경우가 아니란 말이다. 혈을 가르치는 선생이 없다는 것이다. 혈증을 모르는 풍수 선생이 후학도들에게 어떻게 혈증에 대한 이해를 전달할 것인가. 이는 불가능하다. 세 번째가 본인의 무지다. 혈을 모르니까. 풍수는 배웠지만 혈은 배우지 못한 까닭이다. 반대급부적으로 비보나 4신사, 기맥과 수맥, 혹은 신(神)으로 대신코자 하는 이율배반적인 요소들의 폭발이다. 이처럼 이러한 풍수지리는 살아 있지만, 혈은 죽어 없어 사라진 학문이 된 것이다. 따라서 풍수 혈을 풍수무전미 또는 비보 등으로 둔갑시키는 행위가 너무나 많다.[12]

(1) 1 j ▬▬▬

관산 시 필자가 가장 먼저 하는 말이다. j자의 여부가 되면 혈이 될 가능성이 있고 아니면 혈은 성립되지 않는다는 말을 빈도 높게 설명한다. j자의 모양은 맥선의 멈춤을 나타내는 것이다. 진행하는 맥이 한쪽으로 완전히 돌아 마무리를 하는 것으로 맥의 진행이 멈춘다. 즉, 기운의 멈춤을 암시하는 의미가 된다. 지속적인 용진은 기운이

---

[12] 김려중, 『문화유산 속 풍수지리』, 프로방스, 2022, pp. 110-204.

지나간다는 의미가 강해 멈춤이 되지 못하면 혈이 생성되지 않는다. 결국엔 지표면을 읽어 보는 능력으로 멈춤의 표시가 그 형태가 되어 혈이 생성됨을 알아채야 한다. 용맥의 용진이 멈추면 용진혈적이 되는 이유다. 따라서 가장 중요하게 다루는 이유는 이를 외워야 하며 현장에서 지표면을 읽으려고 애쓰는, 노력의 여하에 따라 정도의 값어치는 달라진다. 일자천금(一字千金)이란 말과 일확천금(一攫千金)이란 말이 있다. 필자의 자랑처럼 하는 말이지만 'j' 이론은 일자천금이다. 아무도 이 개념에 대해서 밝힌 이론이 없다. 필자만 유일하게 현장에서 확인하고 여러 서책에서 논한 바 있다. 혈증이란 의미에서 단 하나의 주제로 선정한다면 단연코 'j' 이론이기 때문이다. 다음은 일확천금이다. 혈증을 찾아 그에 대한 기운을 받을 수 있는 이론이 'j' 자 이론으로 혈의 여부가 결정된다. 이것이 바로 이확천금(二攫千金)이 아니라 일확천금이 아닐까 한다. 이처럼 일자천금이든, 일확천금이든지 간에 혈을 찾는 진정한 목적은 이들의 1j 일 것이다.

(2) 2선 ▬▬

현장에서 두 번째로 주장하는 용어로 '선룡을 알면 70%를 건진다.'는 말 속의 선룡이다. 선(旋)은 돌고 회전하는 형태로 맷돌이나 팽이가 돌 듯이 맥이 돌아가는 것을 의미한다. j자로 돌아가는 형태가 2가지로 오른쪽이나 왼쪽이냐이다. 우선은 맥이 오른쪽에서 시작되어 왼쪽으로 돌아가는 형태를 말하며, 좌선은 우선의 반대 논리다. j자의 출발점과 종착역의 이해가 필요하다. 선룡이 좌선이면 귀의 논리로, 우선이면 부의 논리로 풀어가는 것이 일부 술사들의 법칙이다.

(3) 3성

3성(參星)은 직접적인 혈증에 대해서 더하거나 강조할 때 적극적으로 활용된다. 입수와 전순 선익에 붙어 있는 것으로 귀성, 관성, 요성의 역할을 하는데 기여도가 크다. 3성의 존재 여부는 장사에서도 영향을 미치는 역할로 중요하게 다루어야 한다. 특히 와혈과 겸혈에서의 요성은 재혈상 깊이에 따른 천장의 문제가 도출되므로 주의를 요한다. 유혈과 돌혈에서 관성의 존재는 심장(深葬)의 문제다. 이러한 차원에서 3성의 발견 여부는 대단히 필요하고 중요하다. 따라서 3성에 대해서도 깊이 있는 연구가 추가되어야 할 것이다.

(4) 4상

자식이 태어나면 이름을 짓는다. 이름이 없는 자식은 없다. 무슨무슨 이름이라고 하여 돌림자나 임의로 성명이 된다. 혈도 모양에 따라 이름이 지어진다. 혈의 성상이나 형태에 따라 4가지의 이름이 있다. 세부적으로는 각각 6개로 총 24종의 이름이 된다. 이러함에도 불구하고 명당이라니, 청룡이 좋다니, 또는 혈을 말하면서 기룡혈이라고도 하는 풍수인이 있다. 풍수인은 몰라도, 정혈인(正穴人)은 혈상을 구분해야 한다. 이것이 풍수(인)과 정혈(인)의 차이다. 부모가 아이를 낳고서도 무지 등으로 이름을 짓지 않는다면 그 아이의 앞날은 어떻게 될 것인가? 혈도 이치가 같다. 자리가 좋다면서 혈 이름이 없다면 그것 또한 이름 없는 아이와 뭐가 다른 것인가? 깊이 있는 마음으로 생각해야만 4상에 대한 안목이 생길 것이다. 장사 때 이름을 모르면 장사는 엉망이 될 것이다.

와혈은 협와, 정와, 변와로 깊이에 따라 심와와 천와로 된다. 협와이면서 심와와 천와로, 정와이면서 심와와 천와로, 변와이면서 심와와 천와의 6종으로 세분화된다.

겸혈은 장겸, 중겸, 단겸으로 원방에 따라 곡겸과 직겸으로 구분된다. 장겸이면서 곡겸과 직겸으로, 중겸이면서 곡겸과 직겸으로, 단겸이면서 곡겸과 직겸의 6종이다.

유혈은 길이에 따라 장유, 중유, 단유로 크기에 따라 대유와 소유로 구분된다. 장유에 대유와 소유로, 중유에 대유와 소유로, 단유에 대유와 소유로 6종이다.

돌혈은 크기에 따라 대돌, 중돌, 소돌로, 산야에 따라 산돌과 평돌로 구분된다. 대돌에 산돌과 평돌로, 중돌에 산돌과 평돌로, 소돌에 산돌과 평돌로 6종이다. 이처럼 혈의 4상은 세분류가 원칙이다. 하지만 구분하기가 쉽지 않다는 이유로 돌혈이라는 분류 정도는 불특정 다수인에게는 가능하나, 혈을 다루는 특정 소수인에게는 세분류로 다루어야만 바른 혈을 찾는 기본적인 자세가 될 뿐만 아니라 올바른 장법이 탄생할 것이다. 그러나 어느 누가 하나 혈의 4상에 관한 연구도 지금의 시류를 탓하면서 음택은 죽은 학문이라고 하는 퇴폐적인 생각 밑에 무시되곤 하는 실정이다. 어느 누가 뭐라 해도 풍수의 요체는 혈이며 혈의 사용처는 집이 아닌 묘지다. 그렇다고 하여 혈을 무시하면서 집이나 마을만 연구되어서는 곤란하다. 이처럼 이러한 잘못된 곤란한 문제는 풍수인이라면 다 아는 사실이다. 이러함에도 혈을 무시하는 처사는 대단히 무식하고 위험한 발상이다. 풍수 상식을 뛰어넘는 지식과 지혜가 있어야 할 것이다.

(5) 5순

순(脣)은 우리 얼굴의 입술로 전순을 의미한다. 기운의 멈춤을 이해하는 정도가 전순에 있다. 아무리 혈증이 분명하고 탁월하다고 해도 전순이 없거나 신통하지 못하면 그 자리는 사용을 금해야 한다. 빠져나가는 기운이 멈추지 못하기 때문이다. 기운의 정도는 전순을 보고 혈의 여부를 판가름한다. 이처럼 전순은 기운의 작용을 갈무리하는 요소로 대단히 중요하다. 5순은 5가지 모양으로 5행에 따라 구분된다. 목·화·토·금·수의 모양대로 목형은 가운데로, 화형은 중간의 철(凸)한 부분을, 토형은 중앙을, 금형은 둥근 가운데를, 수형은 가운데 요(凹)한 곳을 중심으로 하여 종선을 놓으면 된다. 전순은 금형이 다수로 대부분의 현장에서 나타난다. 나머지 4순은 종종 간간이 나타나는데 목형(삼각형의 전순 모양)은 해인사 주변에서도 포착된다.

(6) 6악

6악(嶽)의 개념을 정립하기 전에 먼저 기운의 진행 과정이 설명되어야 한다. 기운의 전달 과정을 생각해야 6악의 의미가 있기 때문이다. 기운이 전달되는 경로는 3가지 정도로 이해된다. 먼저 능선을 통한 방법과 골짜기를 통한 방법 그리고 산의 측면을 통한 경로다. 골짜기는 연결성이 없다. 측산도 마찬가지로 연결은 불가능하다. 능선만 가능한 경로가 맥로다. 산 능선은 맥이고 용맥으로 구성된다. 6악은 혈장의 범주 속에 돌출된 부분이다. 악(嶽)은 '산 높을 악' 자나 '큰 산 악' 자다. 조그만 혈장에서 큰 산이란 의미는 이상(異常)하게 느껴진다. '큰 산' 이란 뜻의 의미가 문제다. 대단히 아이러니한 말이 되지만 말이다. 그들이 그렇다고 하여 큰 산이 아니기 때문이다. 이해를 돕기 위해 우리 사람의 얼굴이 비교될 것이다. 이마, 코 줄기와 코, 턱과 양 광대뼈가 있다. 이들의 모양이 돌출되어 있다고 하여 큰 산이라 하면서 악으로 칭해진 것으로 이해된다. 얼굴 모양이 산과 같다. 이러한 형상이 자연에 있는 지형지물이다. 이처럼 지나치게 큰 것이 아니라 미세하게나마 돌출된 부분을 가리킨다. 악은 관상학적 용어이면서도 풍수 혈증적인 용어로 둘 다 같은 개념이다. 이들은 6개로 6악이란 명칭이 도출된 것이다. 코는 기운의 전달 경로로 콧부리와 연결되며 이들의 기운이 전달되는 곳으로 이가 능선이다. 이 논리에 대해서는 긍정적인 생각이 있는 반면에, 이를 부정하는 혹자도 있다. 정음정양법이나 88향법 그리고 패철을 활용한 방법 등은 맥선의 방향을 돌리면서 활용된다. 맥로의 의미가 퇴색되는 논리다. 이러한 형태의 활용은 맥의 전달 체계가 올바르지 못하다. 이에 따라 필자는 맥선에 의한 기운의 전달 경로를 생각하면서 직접적인 혈증인 6악에 대한 논리를 펼친다. 혈증의 가장 기본적이면서도 직접적이고 핵심적인 혈이 6악이기 때문이다. 1악의 하나가 부족하더라도 혈은 칭할 수 없다. 그만큼 혈증 중의 혈증이 6악이다. 종류는 6가지로 입수, 전순, 선익(2), 입혈맥 혈이다.

입수는 입수맥에서 들어온 기운을 정제하여 아래로 내려보내는 역할이다. 많은 기운이 들어 있는 입수는 풍선처럼 부풀어 있어 통통한 모양으로, 철(凸)한 모양이 뚜렷하다. 입수에서의 기운은 입혈맥으로 전달된다.

입혈맥은 통과되는 기관(器官)으로 입수에서의 기운을 그대로 온전히 진행될 수 있도록 하는 통로다. 마치 수도관이나 하수관로처럼 통과하는 기관으로 이 맥 또한 약하게나마 돌출되어 좌·우로의 물이 분수 된다. 이게 1분합의 상분이 되는 원리다. 상분이 되지 못한 혈은 의미 없다. 이러함에도 불구하고 입혈맥을 중요하지 않다고 주장하곤 하는데 문제다. 상분과 하합은 혈을 만드는 아주 중요한 물길로서 풍수의 수로다. 물은 지표면의 아래를 관장(管掌)한다. 이에 비해 풍은 지표면 이상(以上)을 다루는 것으로, 이것이 풍과 수의 풍수다. 이처럼 대단히 중요함에도 풍수 고전에서나 근래의 서책에서 주장되는 사례는 극히 없다. 유일하게도 필자만 주장하는 측면이 보인다. 따라서 올바른 분수가 되지 못하면 혈로 들어가는 기운이 물길의 영향으로 반감된다. 분수가 되지 못하면 맥이 단절되기 때문이다.

입혈맥을 통과한 기운은 혈에서 멈춘다. 기운의 멈춤이 전순이다. 와혈의 경우 전순은 좌우의 한쪽 선익을 통해 전달된다. 입수에서 전달된 선익은 전순까지 진행된다. 이것이 j자의 모양이다. 이처럼 전순은 지속적으로 내려가고자 하는 기운을 멈추게 한다. 7다에서 주장하는 '멈췄다'가 말하는 표현처럼 되어야 한다. 기운은 계속적인 직전성이 강하다. 이를 멈추게 하는 논리가 'j'자이다.

다음은 선익이다. 선익은 좌우측에 있어 혈이 되도록 응기, 응축하는 역할(役割)이다. 좌우측에서 기운이 도망가지 못하도록 하는 것이 선익이다.

그다음이 혈이다. 좌나 우에 있는 도열된 신하들의 형태와 유사하다. 혈이 왕이라면 그를 보위하고 위험을 예방해야 한다. 이를 하는 일이 좌우의 선익으로 왕을 보필하는 의무가 된다. 상의 위치인 입수에서는 기운을 정제하여 혈로 내려보내고, 아래에서는 기운을 멈추어지도록 하는 역할이 선익이다. 이상의 논리처럼 그 중앙에는 기운이 있는 결합체로 결정되어 있다.

(7) 7다

7다(多)는 들었다, 붙었다, 떨어졌다, 돌았다, 감았다, 안았다, 멈췄다 등 '다'로 끝이 나는 것이 7개로 많아 '많을 다'를 붙여 7다로 명명한 것이다. 들었다는 입수를, 붙었다는 3성이, 떨어졌다는 선익이나 전순에서, 돌았다는 좌우의 선익이, 감았다는 긴 선익이 짧은 선익을, 안았다는 선익이 혈을, 멈췄다는 전순이 멈췄음을 의미하는 것에 의미를 부여하였으며 이처럼 7다가 되어야만 혈이 생성된다. 이러한 의미에서 7다를 이해해야만 혈의 여부가 결정되는 데 도움이 된다. 따라서 j자 이론부터 순차적으로 이루어진 형태를 연계시켜 함께 볼 수 있는 능력을 배양하여야 한다.

(8) 8요

8요는 요성의 존재다. 요성이 선익의 2개소에 붙어 있고, 없고에 따라 8가지가 된다. 요성의 형태는 타탕과 파조로 구분되며, 타탕 파조가 없는 곳도 있을 수가 있으므로 이들 각각 3가지로 8개다. 좌측에 타탕이 붙고 우측에 파조가 붙어 있으면 좌타탕우파조로 일컬어진다. 반대로 붙으면 좌파조우타탕이 된다. 좌측에 타탕이 붙고 우측에 없으면 좌타탕우무로 읽으면 된다. 와혈이나 겸혈에서 8요의 필요성은 대단히 중요하다. 선익에 붙어 있는 8요이지만 장사 시에 구분되어야 바른 재혈이 된다. 6악에 의한 재혈과 8요가 붙어 있는 재혈 방법은 엄연히 차이가 있고 다르기 때문이다. 따라서 현장 확인 시 8요가 확인되면 재혈의 정도를 이해해야만 올바른 장법이 될 것이다. 이처럼 의미가 상당히 중요한 혈증이지만 현장에서는 중요하게 다루어지는 경우는 별로 없다. 반드시 짚고 넘어가는 참 정혈인(正穴人)이 되어야 할 것이다.

(9) 혈의 질량(質量) ▬▬▬

좋은 혈은 질(質)과 양(量)으로 구분된다. 질은 1분합, 양득양수, 혈의 물길과 여기 그리고 설기다. 혈의 질은 4상에 따라 다 다르기 때문이다. 와혈과 겸혈, 유혈과 돌혈은 형태나 조건, 여건이 달라지므로 질적인 차이가 있다. 이에 따라 와혈, 겸혈, 유혈 순으로 길혈(吉穴)의 정도가 차이 난다. 양은 6악과 3성으로 표현된다. 6악은 혈을 제외한 5수로 정의되며 3성은 6악의 전·후·좌·우에 위치한 입수와 전순 그리고 좌우 선익에 붙은 귀성과 관성 그리고 양 요성의 4수로 도합 9수가 된다. 이 9수는 완전하고도 무결한 혈증의 9수다. 대체적으로 다 구비된 9수는 아주 귀하다. 이러한 이유로 혈의 질을 따져 본다면 와혈이 으뜸이 되나 9수에 의한 양적인 문제로 판단해 보면 혈 4상에 의한 순위보단 9수에 의한 순위로 판단해야 할 것으로 보인다.

① 혈의 질

혈의 직접적인 품격은 혈증의 물길, 분합, 여기, 설기, 양득양파

등으로 이해된다.[13] 먼저 물길을 보면 와혈은 1곳으로, 겸혈은 2곳으로, 유혈은 3곳으로, 돌혈은 여러 곳으로 분산되어 나간다. 분합은 물길과 같이 상분은 이루어지나 하합은 물길처럼 제각각이다. 여기(餘氣)는, 와혈은 이루어지지 않으나 겸혈, 유혈과 돌혈은 존재해야만 된다. 양득양파에 대해서는 겸혈에서만 가능하며 와혈에서는 양득일파가 되어야 하며 유혈과 돌혈은 여러 곳으로 물길이 나가야 올바른 혈이 이루어진다. 즉 와혈은 양득일파로, 겸혈은 양득양파로, 유혈은 양득삼파로, 돌혈은 양득 7파로 나가야 올바른 물길이 되는 것이다. 이처럼 물길은 설기를 해 주어야 올바른 혈이 된다. 이러한 이유로 볼 때 설기나 여기가 동시에 일어나는 혈이 있는 것과 일어나지 않아야 하는 혈이 있음을 상기하여 판단되어야 비로소 올바른 혈중의 본 모습이 나타날 것이다.

여기는 와혈에서는 이루어지지 않는다. 좌우의 선익이 혈을 감싸고 있으며 큰 선익이 전순과 연결되므로 이로 인해 혈과는 떨어져 있다. 나머지 혈상인 겸혈, 유혈, 돌혈은 혈에서 기운이 진행되어 나가는 것이 전순이다. 전순은 혈과 일직선으로 연결된다. 설기도 같은 차원으로 이해하면 되는데 와혈에서는 혈이 설기될 수 없다. 혈상을 보면 설기가 마지막 종착점이 혈이기에 더 이상의 기운이 나가지 못한다. 이에 비해 나머지 혈상들은 혈에서 빠져나간 기운이 전순이 되므로 설기가 되어야 비로소 혈이 생성된다. 이러한 논리로 볼 때 여기와 설기는 와혈에서는 불가능하다. 이처럼 올바른 혈상의 이해와

---

13 이재영, 『혈 인자수지』, 책과나무, 2020, pp. 175-176.

분석이 되어야 장법 등이 가능할 것이다.

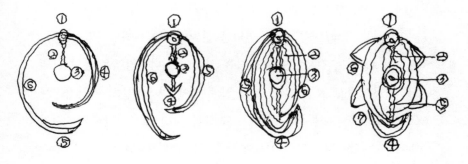

〈그림2〉 혈 4상(와겸유돌)의 형태

② 혈의 양

9수는 혈의 배점 기준이며 품격이다. 9라는 수리는 혈의 값어치를 구태여 억지로 구분하기 위한 척도다. 5수는 처음부터 시작되며 3성의 여부가 주목된다. 5부터 6, 7, 8, 9까지의 수리로 9가 최상품이다. 9수는 혈의 이해 정도를 평가하는 판단 능력이 배가되는 배점상의 평가이다. 6악은 5수로, 3성은 4수로 해서 9수가 된다. 5수는 혈을 제외한 의미의 수리, 4수는 좌우의 선익이 2개로 환산된 수치다. 그러나 기본은 5수다. 4수는 간접적이고 플러스알파의 의미가 있다. 간접적인 혈증이지만 기운은 2배 이상의 상승으로 배가된다. 대단히 중요한 의미가 여기에 있다. 관성이나 귀성, 요성의 의미가 대단하기에 그렇다는 말이다.

위와 같은 의미로 플러스알파의 내용이 첨가된다. 그들은 연익(燕

翼), 길사(吉砂), 길수(吉水) 등이다. 길한 조건을 가진 지형지물(地形地物)의 집합체(集合體)가 이들이다. 즉, 기본적인 6악의 5수와 3성의 4수 등 9수에 의한 플러스알파의 1수가 된다. 1수는 대단한 기운을 선사하는 호(好)조건이다. 연익은 선익에 도움을 주는 역할이다. 혈중에 해당되는 길사는 평맥보다는 입맥이 된다. 입맥은 서로 간의 동조 작용이 되므로 좋은 조건이 될 수밖에 없다. 물도 마찬가지로 호조건이 된다. 이들의 지형이 호조건이 되면 플러스알파의 1수가 보태어지는 것이다. 그러면 10수가 될 것이다. 10수는 최고점의 수리다. 이를 제대로 이해하는 관산 습관이 되었으면 한다. 연익은 남안동 IC와 노태우 대통령의 부모 묘지에서 볼 수 있다.

따라서 와혈이 으뜸이며, 겸혈, 유혈, 돌혈 순으로 우선순위가 결정되는 것으로 고전에서의 순서가 그냥 정해진 것이 아니다. 이처럼 혈의 판단은 앞글에서와 같은 9수로 판단해 보는 방법과 혈상의 이해로 판단하는 방법으로 2가지다.

③ 혈의 질량과 순위 분석

혈의 길흉은 구분되어야 올바르다. 혈의 순위는 질과 양으로 나누며 9수로 확인이 가능하다. 이에 대한 분석표를 참고하여 비교하면 한층 더 간편하게 분석할 수 있다.

구분	물길	여기	설기	양득양파		1분합	비고
				양득	양파		
와혈	1개소	없다	없다	양득	일파	정상	질
겸혈	2개소	있다	있다	양득	양파	비정상	
유혈	3개소	있다	있다	양득	삼파	비정상	
돌혈	7개소	있다	있다	양득	칠파	비정상	
길의 순위	①와혈 ②겸혈 ③유혈 ④돌혈						
4상	9수	8수	7수	6수	5수	5수 미만	양
혈의 평가	원길	대길	중길	소길	기본	흉	

※ 여타 혈증들

9수까지의 혈증을 제외한 여타 혈증은 많다. 시울, 상룡과 상혈, 음중 양, 혈격, 계명, 1분합, 여기, 설기, 전순의 생성 원리, 종선과 횡선, 입수 혈 전순으로 연결된 호리지차, 천광의 깊이 이해, 선수(旋水), 혈의 가치, 입수 방법, 선행 학습 등을 이해해야만 된다. 계명은 입혈맥의 밝은 정도이다. 입혈이 분명하지 않다면, 맥이 혼란하다는 증거다. 1분합은 혈장 속에서의 물길이다. 물길이 바르지 못하면 혈은 깨어진다. 여기는 혈에서의 남는 기운이지만 와혈에는 없다. 있어서는 오히려 곤란하다. 설기도 마찬가지로 되어야 하는 혈상이 있다. 겸혈과 유혈과 돌혈에는 설기가 있어야 한다. 전순의 이해는 더더욱 중요하다. 전순이 어떻게 생성되는지, 어디서 왔는지를 알아야만 장사가 된다. 전순의 생성을 모르면서 혈상을 이해한다는 논리는 거짓된 사고다. 종선과 횡선은 혈증 6악의 이해가 되어야 가능하다. +가 만나는 지점이 있어야 하기 때문이다. 호리지차의 중요성은 종선과 횡선의 논리에서와 같다. 천광의 깊이는 혈증은 물론 3성과 4상 5순 6악과 8요를 알아야 가능하다. 선수는 선룡과 같이 운행된다. 혈의 가치는 와·겸·유·돌의 물길, 여기, 설기 등의 이해가 되어야 한다. 그리고 혈의 이해는 이미 생성된 혈 4상을 보아야 알 수 있다. 입수는 선룡입수의 흐름을 이해해야 한다. 따라서 이러한 혈증은 선행 학습이 필요하다. 반드시 현장에 임해 혈증을 읽어 내는 능력을 배양해야만 가능하게 될 것이다. 선행되지 않는 학습은 이해를 어렵게 하는 지름길이 아닌 지름길이기 때문이다.

⑽ 장사

장법은 6차 산업이다. 쉽게 말해 1×2×3이면 6이 된다. 또는 1+2+3을 해도 6이 된다. 같은 논리가 6차 산업이다. 농사를 지은 다음 가공하여 적절하게 파는 농업이 이것이다. 적절하게 농사짓고, 적절하게 가공하여, 적절하게 팔면 이득이 3곱이나 남는 6차 산업이 된다. 이를 그대로 풍수에 대입하면 답이 된다. 1차는 좋은 혈 자리를 찾는 것이 문제다. 혈이 아니면 의미가 퇴색된다. 혈이란 전제하여 열심히 연구하고 공부하여 혈을 찾아야만 1차가 완성된다. 다음은 2차로 장사법이다. 혈을 찾아 장법을 올바르게 해야만 2차가 완성된다. 이 항에서 말하는 방법이 장사법이다. 그다음은 후손의 기운으로 기다림이다. 올바른 몸가짐과 마음으로 바른 언행이 되어야 할 것이다. 바로 적덕이 답이다. 선행하고 덕을 쌓으면 복은 저절로 따라온다. 이게 3차 산업의 주목(注目)이 될 것이다. 이러한 만큼 풍수의 장사법은 최종적인 목적물이기도 한 것으로 각각의 중요성이 따른다.

　장사는 혈을 찾는 것만큼이나 중요하다. 장사가 잘못되면 혈을 망가지게 하는 이유가 되므로 중요하게 다루어야 한다. 중요한 사항은 대략 10가지 정도다. 첫째로 재혈의 방법 중 수평에 의한 방법으로 종선과 횡선이 있다. 종선은 입수와 전순의 중앙을 연결하면 된다. 횡선은 양 선익을 연결하여 그으면 교차점 +가 나오는데 그곳에 배꼽을 맞추면 정혈이 될 것이다. 수직에 의한 방법은 복잡하다. 6악에 의한 방법으로 와혈과 겸혈은 양 선익에 중점을 두어 그 선익의 힘을 기준으로 깊이를 조정하는데 1m 내외가 된다. 유혈과 돌혈은 전순을 기준으로 하며 1.5m 정도가 된다. 이 기준은 대략적인 표준이다. 3성이 존재하면 깊이가 달라진다. 와혈과 겸혈에 요성이 붙으면 요성의 힘을 받을 수 있도록 해야 하므로 깊이를 재산정해야 하며 유혈과 돌혈에 관성이 붙으면 그 기준으로 깊이를 측정해야 정상적인 재혈이 된다.

두 번째로 깊이를 재단하여 천공한 다음에 하단부에는 숯을 깔아 습도 조절이 되도록 해야 한다. 숯은 민가에서 장을 담글 시 사용하고 있듯이 살균 성분이 있다.[14] 그 위에는 흙으로 정리를 한 다음 시신을 눕히고 나서 흙으로 지표면까지 깔아준다. 다음에는 석회를 깔고 흙으로 정리와 동시에 단단히 밟아 준다. 잔디는 횡의 방향으로 심고 경사진 봉분의 잔디는 목저로 다스린다.

세 번째는 재혈을 수작업으로 해야 한다. 힘들고 돈과 시간 노력이 많이 들어도 수작업이 최선이다. 땅은 흔들리면 훼손 정도가 커지므로 반드시 수작업으로 해야 한다.

네 번째는 합성 관의 문제다. 장례식장에서 준비하는 관은 합성으로 된 나무 관이다. 밀폐되면 관 안에 습(濕)이 생긴다. 습은 물이다. 물이 관 안에 있다면 시신은 어떻게 될 것인지를 생각해 보면 이해될 것이다. 몰관이나, 아니면 뚜껑을 열고 흙으로 다지는 장사 방법이 맞을 것이다. 자연적으로 생기는 물은 결로 현상 때문이다.

다섯 번째는 심은 잔디에 물 주기 작업이다. 소홀히 할 수가 있으므로 추가적인 돈이 들어가도 물 주기는 반드시 해야 한다. 게으른 물 주기는 잔디 활착을 더디게 한다.

여섯 번째 봉분이 완성되면 물기를 빼기 위해 소금 처리를 한다. 이는 삼투압의 원리다. 알코올, 흙, 소금, 설탕과 붓에 먹물 묻히기 등은 삼투압의 원리가 작동된다. 가장 삼투압이 잘 되는 것은 알코올인 술이다. 이들은 수류습(水流濕)이다. 물은 습한 곳으로 흐른다는

---

14 동아일보, 2022년 9월 30일 금요일 제31439호 40호, A31.

의미로 습하면 물의 속도는 빨라져 습기가 더 높다. 삼투압의 원리를 묘지에 응용하여 과학적 접근법을 활용하는 방법이 되었으면 한다. 소금과 흙은 자연친화적인 산물로 삼투압 작용이 있어 생각을 해보고 활용해야 할 것이다. 물이 들면 기운이 감퇴 될 것이기 때문이다.

일곱 번째는 토양의 소독이다. '토양살충제[15]'라는 농약으로 땅속의 벌레를 박멸해야 한다. 벌레가 있으면 멧돼지를 부른다. 멧돼지가 오면 봉분 등이 엉망이 된다. 지렁이 등 벌레는 지표면에 있다. 아무리 혈이 되어도 지표면 20cm 정도의 깊이에 벌레가 있다. 이를 잡는 방법이 토사충의 농약이다. 1년에 봄과 여름 2차례에 걸쳐 이 약을 뿌려야 벌레가 없어진다. 벌레가 없으면 멧돼지 등의 침범은 자연스럽게 없어진다. 반드시 충렴의 방지를 위한 약제 등의 처리가 필요하다.

여덟 번째는 차양의 설치다. 비가 오거나 강렬한 태양으로 인한 시신의 부패 등의 문제가 발생할 수 있다. 소홀히 다루어서는 곤란한 문제가 발생한다.

아홉 번째는 사자의 마음 준비다. 마지막 죽을 준비가 되지 못하면 여러 가지 어려운 점이 있으므로 사전에 죽을 준비가 되어 있어야 다음이 편하다. 사자의 기생충 문제는 생전에 복용하여 기생충이 없도록 해야 안정적인 장사가 된다. 병들어 죽기 전에 기생충이 있으면

---

15 농약이지만 지표면 20cm 정도에 있는 벌레는 잡을 방법이 없다. 이에 필요한 농약이 농약방에 가면 다양하게 진열되어 있다. 이들의 약은 모래에다 약을 코팅해 사용토록 하고 있으므로 안전상에도 문제가 없다. 토사충, 데프콘, 카운타 등 종류가 아주 다양하므로 선택해서 구입하면 된다.

고통이 따른다.[16] 고통은 마지막 가는 생자에게도 필요하지만 죽은 자에게도 좋다. 그렇게 큰 어려움이 있는 것이 아니므로 기생충 약의 복용을 반드시 하여야 할 것이다. 정신이 남아 있을 때 본인이 직접 먹는 것이 가장 바람직하다. 마지막에는 설사약의 복용도 죽음을 기다리는 사람에게는 도움이 될 것이며[17] 단식(斷食)의 필요성이다. 아니 절식(絕食)이 바른 말이다.[18] 생ㆍ로ㆍ병ㆍ사ㆍ묘에서 묘의 전 단계다. 절식은 내장의 완전한 정리다. 그렇게 해야만 올바른 사(死)가 된다. 이러한 인생사의 마지노선이 절식으로 고려장의 의미가 들어 있기도 한다. 생자의 마지막 인생사가 이 절차다. 이에 대한 생각이 절실히 요구된다. 인폐, 오사가 아니라면 말이다. 준비된 죽음이 행복일 것이다. 조금 더 욕심을 낸다면 관장(灌腸)이 필요하다.[19] 몸속 내장에 있는 음식물의 배출이 문제다. 아마도 마지막으로 몸 청소를 하는 생과 사의 갈림길이 된다. 대단히 중요하므로 풍수인은 한번 정도 생각을 해 보아야 할 것이다.

열 번째는 뒷정리이다. 장사 후 조화나 오물 등의 방치는 사자에게도 피해를 준다. 정리가 바르게 되어야 마무리된다. 이처럼 이러한 장사는 혈 찾기보다 더 어려울 수도 있으므로 마지막까지 성의를 다해 사자를 생각하는 장사가 되어야 할 것이다. 혈이 100%면 장사

16 대현 스님, 『아름답게 가는 길』, 올리브나무, 2021, p. 21.
17 위의 책, p. 35.
18 위의 책, pp. 290-291.
19 위의 책, p. 294.

도 100%가 되어야 100%의 기운이 도출되어 나올 것이다. 혈이 아무리 100%가 되어도 장사가 잘못되면 마이너스적인 기운이 될 것이다. 잘못 지어진 집을 허물어 재차 건축하는 격이 될 것이다. 이런 경우에 부가적인 건축 비용 등은 감수하여야 할 것이며 혈도 마찬가지로 이러한 흐름과 일치되는 이치가 여기에 있다.

이상과 같은 내용이 주를 이루지만 더욱 중요한 것은 수직적인 깊이의 재혈 문제이다. 재혈을 할 때 깊이가 얼마가 되어야 한다는 이론은 맥근층으로 한다는 이론이 있다. 하지만 너무나 주관적인 내용으로 이해가 쉽지 않다. 이에 따라 필자는 다음과 같이 제시한다. 첫 번째는 와혈에서 심와와 천와의 문제이다. 천장을 할 때 와혈에서 그 깊이는 얼마를 하여야 하는지의 문제로 이에 대해 제대로 설명된 논문이나 서책이 없다. 두 번째는 와혈과 겸혈, 그리고 유혈과 돌혈의 차이다. 즉, 와겸과 유돌혈에 대한 장법의 문제로 깊이에 대한 설명이 없다. 너무나 주관적으로 와혈과 겸혈이 심장인지 천장인지, 또는 반대로 언급되지만 분명하게 설명된 서책은 없다. 세 번째로 8요와 3성에 대한 문제이다. 전순과 선익에 이들이 붙어 있으면 어떻게 깊이에 대한 재혈을 하여야 하는지에 대한 설명이 없다는 것이다.

① 와혈의 심와와 천와의 문제이다. 심와는 좌우측의 선익의 깊이가 두껍고 깊다. 이에 비해 깊이가 얕은 것이 천와다. 즉, 와혈은 천장 시 깊이에 따라 재혈이 되어야 한다. 현장에서의 장사는 이러한 해석 없이 장사가 되곤 하는 것을 여러 차례 여러 곳

에서 본 바 있다. 객관적인 깊이는 선익을 보고 판단해야 하는 것이 올바른 방법이나 꼭 자로 잰다면 천와는 70(100)cm 정도, 심와는 1(1.5)m 정도로 하면 무난할 것이다.

② 와겸유돌의 문제는 혈4상으로 구분된 문제이지만 의미가 깊다. 와혈과 겸혈은 선익으로 판단되지만, 유혈과 돌혈은 전순인 5순으로 구분한다. 즉, 선익은 혈의 좌우 부분에 위치하므로 천장의 깊이가 깊지 않다. 이에 비해 유혈과 돌혈은 높은 곳에 있으므로 5순인 전순으로 깊게 해야 한다. 따라서 와혈과 겸혈은 선익으로 깊지 않게 하고, 유혈과 돌혈은 전순을 기준으로 깊게 재혈을 해야만 하므로 천장과 심장으로 구분된다.

③ 8요와 3성인 요성과 관성의 문제가 있다. 8요는 타탕과 파조의 문제다. 요성과 관성은 위치의 구별이다. 즉, 요성은 선익에 붙은 3성이며, 관성은 전순에 붙은 별이다. 8요와 요성이 붙은 혈은 선익을 기준으로 하는 것보단 이를 기준으로 재혈을 하여야 하며, 관성은 전순에 위치하므로 유혈과 돌혈에서는 전순을 기준으로 하는 것이 아니라 이를 기준으로 재혈해야만 된다. 따라서 8요와 3성을 가진 혈은 그 깊이가 한층 더 깊은 것으로 1.5m 정도가 된다. 위처럼 재혈의 깊이에 대한 상식은 여러 가지로 구분되므로 각각의 혈증을 이해해야만 재혈이 가능하다. 그냥 장비로 천장을 하는 것이 아니라 아주 과학적이면서도 측량화된 객관성이 담보되어야 올바른 재혈이 될 것이다.

※ 적멸보궁에 대한 이론적 분석

음택인 묘지는 혈증을 대상으로 찾아 중심인 혈에다 시신을 눕히는 것이 원칙이지만 양택인 집은 자연을 이용하고 사람이 적절하게 활용하여 실용적으로 짓는 실용적인 구조다. 즉, 자연에다 사람이 임의로 생각하여 효과적으로 만드는 형태의 구조체다. 그들이 배산임수요, 전저후고, 전착후관, 황금비 등이다.

(1) 배산임수

집에 대한 분석은 배산임수, 전저후고, 전착후관이 원칙이다. 하지만 사암(사찰과 암자)의 적멸보궁은 단독의 건물로 배산임수만 이해하면 될 것이다.

배산임수는 맥선을 기준으로 한 경우가 이에 해당한다. 맥선이 없는 배산임수는 측산이며, 측산에 임수는 의미가 없다. 기운의 전달은 능선을 따라 내려온다. 측산이나 계곡으로 기운의 전달이 불가능하기 때문이다. 이러한 논리로 능선이 있는 곳에 배산임수가 되어야 한다. 앞서 언급한 것처럼 측산이나 후(뒤)산이 없는 임수는 배산의 의미가 없다. 등이 없는 의자는 불안하고 안전에 불리하다. 이처럼 배산이 되어야만 임수가 제대로 된 목적을 달성할 수 있으며 임수(면수)를 그래서 중요하게 다루는 것이다. 적멸보궁에서 가장 많이 활용되는 분야가 배산임수다. 전저후고와 전착후관에 대해서도 이해가 되어야 집을 보는 데는 한층 도움이 클 것으로 보인다.

(2) 황금 비율과 금강 비율 ▬▬▬

건물의 배치는 3가지 정도가 있다. 가로와 세로의 비율이 같은 정비가 있고, 세로와 가로의 비로 지어진 황금 비율과 금강 비율이 있다. 황금 비율은 1:1.618로 가장 보기 좋고 아름다움을 나타내는 수치의 비율이며, 금강 비율은 1:1.414의 비로 실용적인 측면이 있는 것으로 우리나라에서 많이 발견된다. 석굴암이나 책 보자기, 여성용의 버선 등에서 이 비율이 나타난다. 건물의 배치가 어떤 비율로 이루어져 있는지에 대한 내용도 의미가 있을 것이다. 1:1.414의 비율인지, 아니면 1:1.618의 비율인지를 따져 보면 이해가 갈 것이다. 예(例)를 들어 보면 시골에서 집을 짓는데 농가 주택과 별장의 차이다. 농가 주택을 짓는다면 실용성을 위주로 지어야 할 것이며, 별장을 짓는다면 아름다움을 생각하여 건물을 지어야 할 것이다. 이러한 차이로 금강 비율과 황금 비율이 간택된다. 주택을 짓는다는 결론은 무의미하다. 8대 적멸보궁도 이러한 관점에서 접근이 된다면 한층 더한 발전이 될 것이다.

(3) 입정입실일까? 입정불입실일까? ▬▬▬

적멸보궁은 집이다. 집은 안을 들여다 보아야 한다. 외면만 보는 방법은 의미가 격하된다. 집을 본다는 것은 쉽지만 집안을 본다는 것은 어렵다.[20] 방에 들어가 보지 않으면 불가능하다. 이는 입정불입실 (入廷不入室)이다. 적멸보궁도 마찬가지로 실내를 파악해야 한다. 그래야만 올바른 입정입실(入廷入室)이 된다. 방안의 배치나 인테리어 등을 보기이다. 이처럼 입정입실이 되어야만 제대로의 분석이 된다고 보는 것이다.

(4) 형국에 의한 명명의 자유

〈그림3〉은 2가지의 모양이다. 중앙은 컵이다. 컵이 물을 마시면 물컵이 된다. 술을 마시면, 막걸리를, 음료수를, 양주를 마시면 그에 따른 컵이 될 것이다. 다음은 컵 좌우에 있는 얼굴 모양이다. 남자라면 남자의 얼굴이 된다. 여자라면, 어린이라면, 어른이라면, 할머니

〈그림3〉 2종(컵과 쌍 얼굴)의 모양[24]

라면 각각의 얼굴로 보는 이에 따라 다르게 불린다. 이것이 형국에 대한 예시다. 먼저 컵으로 볼 것인지, 아니면 사람 얼굴로 볼 것인지부터 결정이 되어야 할 것 같다. 조금은 비약적인 말인 것 같지만 실제다. 다음이 결정적인 혈 찾기인데 형국으로는 곤란하다는 설명이

---

20 우에다 마코토, 조용미 옮김, 『풍수 환경학』, 2022, p. 131.

21 위의 책, p. 67.

다. 주체가 형국인데 혈을 어떻게 해서 찾아낸다는 말인지 참으로 궁금하다. 주객(主客)이 전도되어야 하는 논리다. 객이 주가 되고 주가 객이 되어야 한다는 말이다. 즉, 형국이 주가 되고 혈이 객이 되는 논리로 정혈을 찾아야만 하는 논리로 볼 때 형국은 의미가 전연 없다는 것이다. 이러한 문제가 대두되다 보니 형국은 풍수는 될지언정, 정혈은 되지 않는다. 이러함에도 무슨 형국이라고 하면서 마냥 대명당이라고, 자리가 좋다고 칭하는 풍수(인)가 있으니 문제다. 한편으로는 듣기가 좋다. 마치 그림을 그리듯 그럴듯하게나마 설명되니 보기도 좋고 이해도 쉽다. 하지만 혈이 중심이 아닌가? 아무리 보기나 듣기가 좋아도 혈이 아니면 의미가 없기 때문이다. 결국은 혈의 여부로 결정된다. 형국은 다음처럼 여러 가지로 분석되므로 의미 없다. 형국은 보는 사람에 따라 해석이 달라진다. 모양을 보거나 글자 등을 보고 판단하는데 사람에 따라, 혹은 지역에 따라 형국 명이 다르게 된다. 하나의 지형지물을 보고 일관성이 있도록 같은 이름이 되어야 하는데 보는 사람이나 모양에 따라 다르게 부른다. 이것이 문제다. 혈은 하나인데 형국은 2개 이상이 된다는 사실이 이를 부정하는 이유이다. 다음은 형국 속에 혈이 있어야 하는데 그 속에는 혈증이 거의 없다. 혈이라는 개념조차도 생각 없이 설파되는 것이 문제다. 따라서 형국은 설명하기나 듣기는 좋다. 하지만 혈의 의미가 없다는 것이 단점이다. 이러함에도 불구하고 적멸보궁을 연구하면서 형국으로 분석한다는 데는 한계가 분명 있다. 이러한 풍수지리 연구는 지양되어야 할 것이다. 마치 형국이 풍수가 전체인 것처럼 해석한다는 것은 너무나 큰 무리가 있다. 한편 풍수를 처음 대하는 초학자들에게는 풍수의 혼란을 초래한다는 측면에서도 지양하여야 할 이론이다. 형국에 입맛이 들면 여타 이론은 무의미해진다. 대단히 위험한 발상이므로 먼저 혈에 대한 혈증을 다루고 나서 부수적으로 형국을 이해하는 습관이 되어야 할 것이다. 주객이 전도되면 혈의 해석도 전도된다. 형국을 먼저 섬기는 행위는 삼가야 할 이론으로 버려야 한다.

(5) 주택에 심으면 아주 좋은 식물들 ▬▬

적멸보궁에는 적당하지 않다고 생각되나, 가정에서는 필요한 내용으로 건물 주변에 식재를 하면 좋을 듯하다. 이들 식물은 농약을 치지 않아도 생장하는 데 어려움이 거의 없다.

앞에는 대추나무, 감나무, 구기자, 구지뽕나무, 옻나무, 석류나무와 와송, 적갓, 달래 등이다.

뒤에는 느릅나무, 블루베리, 호박, 하늘마, 산초, 가지, 유채, 피마자 등이다.

좌측에는 박, 박하, 청갓, 머구, 상추, 시금치, 토란, 갓, 고구마, 참죽나무, 편백 등이다.

우측에는 부추, 들깨, 돼지감자, 고들빼기, 달래, 감자, 민들레, 파, 양파, 유채, 땅콩, 더덕, 도라지, 고사리 등이다.

이들은 무농약으로 우리들의 건강에도 좋다. 농약을 치지 않아도 농사가 되는 식물들이다. 집을 짓거나 할 때 4곳에 한번 시도해 볼 만하다. 우리가 먹는 식물 대부분은 농약을 쳐야만 소득이 있다. 농약 없이는 불가능한 것이 대부분인데 위에 나열된 채소들은 농약 없이도 키우기 가능한 종류인 만큼 우리의 건강식으로는 상당히 좋다.

특히 편백은 피톤치드가 가장 많이 생성되는 나무로 좋다.[22]

그러나 가시가 있는 장미, 엄나무 등의 식물과 무화과, 칡, 등나무, 덩굴류 등은 심지 말아야 한다. 장미는 가시가 있어 어린아이들에게 좋지 않으며, 무화과는 꽃이 없다는 것으로 젊은 부부의 가정에서는 심지 말아야 하며, 덩굴은 뱅뱅 꼬이는 식물로 가정이 잘 풀리지 않는다고 하며, 참고로 갈등은 칡과 등나무의 결합어이다. 서로 꼬인다는 의미의 갈등(葛藤)으로 고대로부터 심지 않았다.

이처럼 피톤치드 음이온 등은 그린테라피로 나무의 가치를 높일 뿐만 아니라 우리들의 건강을 지키는 파수꾼이다.[23] 적정한 수목들의 식재는 많은 도움을 줄 것이다. 키친가든(부엌 가든)이 되어야 행복한 식감이 살아날 것이다.

※ 농약을 사용하지 않아도 되는 식물

대부분의 식물들은 비료와 농약을 쳐야만 농사가 된다. 그중에서도 농약은 필수다. 하지만 여러 작물 중에서도 다음에 해당하는 식물에 대해서는 그다지 농약을 치지 않아도 된다. 거의 농약의 필요성 없이 키우기 쉬운 작물들이다.

---

22 나무신문, 701호, 2022. 8. 4. 10면. 편백은 잎, 줄기, 뿌리, 꽃 등에서 피톤치드가 발생되며, 모든 수종에서 가장 많이 생성되는 나무다.

23 김정호,『산림기사 실기』, 성안당, 2022, p. 300.

이들을 심고 가꾸어 건강한 먹거리가 되었으면 한다.

① 미나리

물이 있거나 축축한 곳에서 잘 자라는 미나리는 사철 푸르게 자라
므로 두루 사용된다.

② 가지

가지 열매는 보라색으로 블루베리의 영양보다 좋게 평가되는 식품
으로 우리 몸에 좋다.

③ 땅콩

땅콩은 뿌리 식품으로 농약의 해가 극히 적으며 간식이나 주식으로
사용된다.

④ 호박

호박은 한번 심어 놓으면 별다른 관리가 필요 없으며 겨울에는 호
박죽으로, 여름에는 애호박으로 사철 두루 사용되는 식품으로 좋다.
미역이 비싼 경우에는 호박을 대용할 정도로 건강식품으로 손색이
없으며 종류가 많다.

⑤ 토마토

토마토는 건강식품으로 영양가가 우수하며 어린이나 어른 모두 좋

아하는 식물이다.

⑥ 상추

상추는 사계절 재배가 가능한 식물로 배추나 무에 비해 농약을 거의 치지 않아도 되는 작물이며 고기와 같이 먹어도 좋은 식품이다.

⑦ 파

파는 겨울철에도 밭에서 자라는데 옮겨 주면 많이 커지는 작물로 각광 받고 있는 식물이며 국을 만들어 먹어도 좋다.

⑧ 부추

강정(强精) 성분이 탁월하여 절에서는 금기시하는 작물로 일반인들에게는 오염되거나 중독된 몸을 풀어 주는 역할을 하고 건강에는 일품이며 농약은 거의 치지 않아도 된다.

⑨ 감자

구황식물로 땅속의 뿌리 식물이다. 토양의 길흉을 구분 없이 잘 자라는 식품이다.

⑩ 고구마

감자와 더불어 구황식물이며 겨울철 어린이나 어른들의 간식거리로 인기가 좋은 식품이다.

⑪ 더덕

더덕은 약초로 사용되기도 하지만 식품으로도 아주 좋다. 고추장을 발라 구워 먹으면 다른 반찬이 필요없는 식품이다.

⑫ 도라지

더덕과 마찬가지로 자연적으로도 많이 자라지만 재배를 해도 쉽게 자라는 식물로 인기가 좋다.

⑬ 삼채

3가지 맛이 난다 하여 삼채라 하는데 부추보다 크다.

부추와 유사한 효능을 가지고 있고 3가지 맛을 내는 식물로 뿌리와 줄기를 다 이용할 수 있어 버리는 것이 하나도 없다.

⑭ 들깨

들깨는 허브 식물로 회와 더불어 먹는 필수 재료다. 쌈으로 먹거나 찬을 만들어 먹어도 향이 있어 좋다.

⑮ 옥수수

옥수수는 키가 상당히 크며 특별한 기술이 필요없는 식물이며 감자와 고구마처럼 구황식물이다.

⑯ 돼지감자

뚱딴지라는 별명이 있듯이 수확을 아무리 해도 그다음 해에 재차

나온다는 말처럼 재배가 잘 되고 양이 많다.

 이상의 식물들은 농약을 거의 치지 않아도 벌레에 의한 충해와 병해 없이 잘 자라고 키우기도 좋다. 우리의 건강을 지켜주는 필수 영양 성분을 가지고 있고 맛도 좋으며 집 주변에 심어 키우면 수시로 활용할 수 있어 홈가드닝의 인기 상품으로 호평을 받고 있고 보기도 좋은 식물들이다.

3장

혈이라는 이상과의 차이

묘지는 혈로 확인된다. 양택인 집은 3간법인 배산 등으로 투시된다. 이러함에도 대부분의 풍수인들은 같은 논리로 분석하는 것이 일반적이다. 이러한 폐단이 5대 적멸보궁에서 나타난다. 혈을 증명하는 혈증으로 분석하는 것이 맞는지, 아니면 배산임수 등 3간법으로 해석하는 것이 맞는지에 대한 의문이다. 이러한 차이는 혈과 풍수와의 대립적인 이해에서 출발한다. 이에 대해서는 많은 고민이 따라야만 올바른 해석이 될 것이다.

풍수와 혈의 차이는 천양지차(天壤之差)다. 이러함에도 불구하고 일반적으로 같은 의미로 사용하곤 하는 곳이 풍수 현장이며 풍수 사회다. 필자가 생각하는 풍수는 4신사다. 중심을 제외한 4곳의 산이다. 그 중심에는 묘지가 되거나 집이 된다고 한다. 이것이 필자와 일반 풍수인들의 차이점이다. 필자는 확실하면서도 분명하게 구분한다. 묘지는 혈증으로, 집은 3간법 등으로 이루어지는 것으로 이해된다. 이에 비해 일반 풍수는 별로 구분 없이 공통분모로 사용하곤 한다. 집이든 묘지든 간에 풍수지리 5요소로 풀고자 하는 것이 지금의 작태(作態)다.

묘지는 혈증으로 확인되는 데 비해, 집은 규모가 상당히 크므로 혈로써 확인하기가 쉽지 않고 거의 불가능하다. 이러함에도 불구하고 같은 논리로 접근코자 하는 것이 지금의 시류다. 풍수 서책이나 풍수 논문에서도 같이 판단하거나 구분됨이 없이 활용되곤 하는 것이 아주 일반적이다. 이러한 방법의 형태는 풍수가 아니고 혈도 아니다. 양택인 집을 분석하면서도 혈의 여부로 잣대를 들어대는 것은 아주 기초적이고 기본적인 상황을 이해하지 못한 것이다. 이러한 논리가 이해된다면 이 책을 읽는 데 무리가 따르지 않을 것이다.

묘지는 혈 자리에만 가능

혈은 크기가 크지 않다. 혈의 모양은 전후좌우 2m의 크기로 둥근 형태다. 크기는 $3.14 \times 1m \times 1m = 3.14㎡$로 1평이 되지 않는다. 이러한 크기에 묘지는 가능하지만 다른 건조물의 시설 등은 불가능하다. 즉, 묘지를 제외한 건축물 등은 지을 수가 없다. 따라서 혈증이 있는 적멸보궁에서의 건축은 무리다.

집은 사신사로 찾으면 오산

규모가 작은 곳에서의 건축은 의미 없다. 그런데 혈증을 훼손하면서 지은 건축은 더더구나 재미없다. 이유는 아주 간단하다. 혈은 무수히 많이 생산되는 것이 아닐 뿐 아니라 극히 귀하다. 이러함에도 작은 혈증이 있는 곳에 건물을 신축한다는 것은 풍수를 하는 한 사람의 혈증인으로서 문제가 작지 않다. 그렇다고 하여 4신사로 집을 지어서도 곤란하다. 4신사는 규모가 클 뿐만 아니라 하나의 집을 짓는데는 적정하지 않고 균형 차원에서도 이상이 다르다. 따라서 집은 내려가는 산줄기의 평탄면에 4신사의 개념이 아니라 배산임수로 자리를 찾고 전저후고, 전착후관의 방법인 3간법으로 집을 지어야 할 것이며 그러한 다음에는 3요에 의한 잠자리가 되어야 올바른 건물이 될 것이며 건강한 생활이 이루어질 것이다.

자연(自然)이 스스로 만드는 혈증

묘지는 자연의 산에서 혈증을 위주로 확인해야 한다. 사람이 만드는 것이 아니라 자연(自然)이 스스로 혈증을 만들어지게 한다. 그것을 사람이 찾아서 그곳에다 시신을 눕히면 된다. 이러함에도 불구하고 일부 아니, 대부분의 풍수인들은 혈의 모양을 만든다. 필자는 혈증을 찾고 논하는 박사다. 혹자는 혈을 다루는 박사이니까 자리를 의뢰하는 경우가 종종 있다. 혈을 만들어 달라는 의미로 부탁이 되곤 한다. 그런 이들에게 말하기를 혈은 박사가 만드는 것이 아니라 자연에 있는 혈증을 보고 찾아내는 것이라고 하면 생각을 달리하는 듯하다. 이처럼 간혹 혈은 간간이 자연에 있는데도 불구하고 혈의 모양을 만들어 달라고 요구하는 이들이 유혹을 하기도 한다. 따라서 자연에 있는 혈을 찾아내는 지혜가 필요하다. 묘지는 절대로 만드는 것이 아니며, 정혈학 박사는 자연에 있는 혈을 찾아내는 인자(人子)다.

사람을 위한 3간법으로 짓는 집

간법에는 배산과 전저와 전착이 있다. 이들 3가지 모두 사람에게 달렸다. 배산은 올라가는 능선이 아니라 내려오는 능선을 찾아 집을 안치는 기술을 말하며, 이에 따라 배치하면 자연스럽게 앞은 물이 된다. 이것이 배산임수다. 전저는 앞이 낮게 짓는 것을 의미하는데 지형을 설명하는 것이 아니다. 본 건물과 부속 건물의 공간적 위계질서가 된다. 본 건물의 기초를 3단으로 한다면 부속 건물의 기초는 2단이나 1단으로 낮추어 짓는 것이다. 이러함에도 전저의 해석은 다르게 한다. 땅의 지형이 낮은 곳을 의미한다는 논리로 주장하는 혹자가 대부분이다. 땅이 아니라 건물의 전방에 설치하는 주춧돌의 높이가 부속 건물의 앞을 낮추어 짓는 것을 의미하는 것이다. 필자는 이를 두고 3 · 2 · 1공법이라 칭하고 있다. 전착은 집의 배치상 앞부분을 좁게 하는 장치다. 전 · 후 · 좌 · 우의 4곳에다 울타리를 설치하고 앞부분에 대문을 놓는 방법으로 그 대문의 모양을 요철(凹凸)하게 만드는 이론이다. 이렇게 하면 대문을 제외한 앞면이 뒷면보다 좁아지는 원리를 동원하는 이론으로 전착이 된다. 이처럼 배산에 의한 임수와 전조에 따른 후고, 전착에 의한 후광은 자연이 아니라 사

람에 의해 찾아지고, 이렇게 짓고, 만드는 이론으로 땅의 지형이나
지세가 아니다.

건물을 지어야 하는 용진처

앞에서도 언급이 되었지만 집은 혈에다 짓는 것이 아니다. 배산인
용맥이 내려오는 곳에다 짓는 것이다. 이러한 곳은 용진이다. 용진
에는 용진처와 용진혈적이 있다. 용진이 혈이 된다면 용진혈적이다.
집은 이곳이 아니라 용진하다가 멈춘 곳인 용진처에 지어야 한다. 용
진처가 집의 자리다. 이 점은 풍수인들 사이에서 좀처럼 해결되지 못
하며, 이해가 잘 되지 않는다. 용진혈적과 용진처는 엄연히 다른 의
미다.

혈이 되는 용진혈적

용진하는 곳이 용진처라면, 용진혈적은 혈이 되는 곳을 의미한다.
혈증이 있는 용진혈적은 규모가 크지 않다. 1평 미만으로 집은 지을
수 없다.[1] 면적이 좁고 작으므로 묘지만 가능하다. 따라서 용진혈적
에 집은 불가능하며 묘지가 적격이다.

1   집은 지상에 사람이, 묘지는 지하에 시신이 있다.

우격 면상이 있고 누구 구곡이 되지 않는 곳이 혈

비가 오고 골이 파인다는 것은 땅속의 토질의 견질도가 다르다는 것을 암시한다. 땅에는 견질도가 강한 곳이 있는 반면 약한 곳이 있다. 강한 곳은 6악이요, 약한 곳은 1분합이 되는 선익 안쪽의 물길이다. 따라서 언제나 구곡이 되지 않는 곳이 혈이다. 이처럼 혈에도 우격(面傷), 면상(面傷), 누구(漏溝), 구곡(溝谷)^{2}이 존재한다. 비가 많이 오면 지표가 상하면서 잔 도랑이 생기는 현상이다. 비가 오면 견질이 연약한 땅에서는 설기도 일어나므로 이로 인한 혈증이 생성되는 원리다. 참으로 묘한 현상이 자연에서 수시 때때로 일어난다.

혈이면 묘지, 아니면 건물

혈은 묘지를 해도 집을 지어도 된단 말인가? 아니다. 혈증이 있으면 혈이 되므로 묘지는 가능하다. 혈이 되어도 건물은 곤란하다. 혈증인 6악이 훼손되며 제대로의 역할이 무산된다. 건물은 혈이 되지 못하는 곳에서만 가능하다. 다만 집의 3간법인 배산, 전조, 전착으로 사람이 만들어 주어야 한다. 내려가는 능선을 찾아 자연향으로 자

---

2 우격과 면상 그리고 누구와 구곡은 산림토목에 나오는 용어이지만 풍수 현장인 혈증 6악에 존재한다. 특히 1분합의 물에서 강조된다. 선익 안쪽은 물길로 이루어져 있다. 이러한 것들이 이들이다. 세심하게 생각하면 이해가 쉽게 될 것이다.

연스럽게 배산이 되도록 하여야 하며, 앞을 낮추어 짓게 하는 것 또한 사람이 하여야 한다. 4신사의 개념을 비보처럼 울타리를 설치하고 대문을 활용하여 전착이 되도록 만들어 주어야 하는 것으로 자연이 아닌 사람에 의한 건축이 되어야 한다. 따라서 혈이 있다면 규모가 작은 묘지로, 혈이 아니라면 배산에 의한 곳을 찾아 건축하는 사람에 의한 방법으로 집이 되어야 마땅하다.

이상으로 혈과 집의 분석은 많은 차이가 있다. 이것을 보더라도 적멸보궁에 관한 연구는 가치가 있을 것이다. 풍수적으로 좋다고 하면서 혈이 성립된다고 하는 것은 대단한 무리다. 위와 같은 주안점을 가진 혈의 분석은 차원을 달리할 것이며 한 단계 뛰어넘는 풍수의 지름길이 될 것으로 확신한다.

4장

적멸보궁(寂滅寶宮),
적멸보탑(寂滅寶塔),
적멸보지(寂滅寶址)의 이해

적멸보궁은 공통어로 사용된다. 5대 적멸보궁이나 8대 적멸보궁이 대표로 칭해지는 것이 현실이다. 그러나 현장에서는 궁이나 탑으로 되어 있다. 둘 다가 아닌 경우도 존재하는 곳이 있다. 이들에 대한 명확한 구분이 필요한 게 사실이다. 적멸보궁이 있는 곳에 대한 풍수 혈적인 이해가 제대로 되어야 하기에 그렇다는 말이다. 마찬가지로 탑에 혈증이 있는지 확인이 필요하다. 그것이 아니라면 땅인 터에 혈이 있는지에 대한 논리도 의미가 있을 것이기 때문이다.

적멸보궁

적멸보궁은 8개소에 다 있다. 그중에서도 오대산 중대의 적멸보궁과 봉정암의 적멸보궁, 양산 통도사의 적멸보궁, 영월 법흥사의 적멸보궁, 정선 태백산 정암사의 적멸보궁, 구미 선산 도리사의 적멸보궁, 대구 용연사의 적멸보궁, 강원도 고성 건봉사의 적멸보궁이 있다. 하지만 혈증으로 분석하면 오대산 중대의 적멸보궁과 봉정암의 적멸보궁이 혈로 분석되며, 양택으로는 통도사의 적멸보궁이 돋보인다. 오대산 중대의 적멸보궁 자리와 봉정암 사리탑 앞의 자리가 혈로 판단된다. 통도사의 적멸보궁은 건물 3간법으로 볼 때 상당히 긍정적이다. 이 말을 재차 재론한다면 중대의 적멸보궁은 혈을 가진 자리에 보궁이 자리했으며, 봉정암의 사리탑 앞의 자리는 빈터로 남아 있는 것으로 분석되고 통도사의 보궁은 사람에 의한 논리로 볼 때 3간법에 맞게 이루어진 보궁이다. 또한 구미 도리사의 적멸보궁의 사리탑은 맥선 위에 존치한 자리로 보인다. 따라서 중대의 적멸보궁과 봉정암의 사리탑 앞은 혈증으로 판단되며, 통도사의 보궁은 혈증으로 확인되지 않으나 양택 3간법으로는 맞게 이루어진 건축물로, 구미 도리사의 적멸보궁은 맥선상에 위치한 것으로 보아 풍수지리의 논리가 깊게 들어간 곳으로 확인 분석된다.

〈표2〉 중대와 통도사 적멸보궁의 차이점

사찰	혈증 유무	양택 3간법	혈의 여부	순위	비고
중대의 적멸보궁	유		혈	선	
통도사의 적멸보궁	무	3간법 적용	혈은 아니나 간법으로 적용	후	

적멸보탑

보탑이 있는 곳은 설악산 봉정암과 태백산 정암사가 있다. 이 두 곳 중에서 설악산 봉정암의 보탑이 주목된다. 이에 비해 태백산 정암사는 혈증이 없다. 내려오는 맥선에는 존치하지만 멈추지를 못한 곳에 많은 형질 변경으로 훼손된 곳에 설치되어 있다. 이에 비해 설악산 봉정암의 보탑은 전순에 해당하는 관성에 존치한다. 관성은 3성의 하나로 혈증이다. 혈증은 6악인 입수, 전순, 양선익, 입혈맥, 혈과 3성인 증거로 되어 있다. 중앙인 혈은 1악으로 가장 중요한 5악의 중심에 있어야 함에도 전순의 위치인 관성에 있다. 이러한 형태는 혈증이지 혈은 아니다. 따라서 2곳 중에 혈이 되는 곳에 정 위치한 보탑은 존재하지 않는다. 다만 봉정암의 보탑은 혈증 부분에 위치한다는 점에서는 나름의 차이가 있다. 이러한 분석은 대단히 중요하다. 혈을 증명하는 혈증에 대한 이해가 되어야만 가능하기 때문이다. 이에 대해서는 필자의 여러 서책에서 누차 강조한 바 있다.

〈표3〉 봉정암과 정암사 적멸보탑의 차이점

사찰	보탑 위치	혈 여부	부과적인 설명	보탑 재료	비고
봉정암	혈증의 하나인 관성	아니다	혈은 아니지만 혈증이 관성	석	
정암사	혈증이 없다	아니다	능선상에 위치	전석	

적멸보지

보궁인 집도 아니고 보탑도 아닌 적멸보지인 곳은 보탑에서 설명
한 곳으로 설악산 봉정암이 유일하다. 혈증의 중앙인 혈에는 아무것
도 존재하지 않는다. 이미 언급한 것처럼 봉정암의 보탑은 혈이 되는
위치에 존재해 있는 것이 아니라 전순의 위치인 3성의 관성에 위치한
다. 혈증의 중앙인 혈에는 보탑이 없다는 말이다. 따라서 보탑은 혈
에 위치하지 않고 빈 공터로 남아 있다. 이러한 고로 적멸보지에 설
치된 곳은 봉정암이 유일하다. 기도를 하고자 하는 신도나 등산인들
은 봉정암 적멸보탑 앞의 빈 공간에서의 기도발은 상당한 도움이 될
것으로 예상한다.

5장

적멸보궁의 혈증 분석

인제 설악산 봉정암

 봉정암 사리탑을 보면 돌은 보이는데 흙이 보이지 않는다. 아마도 많은 인파와 풍해(바람)로 인하여 훼손된 것으로 이해된다. 우리나라의 지표는 흙이 있고 그 밑에 돌이 있는 것이 일반적인 토성이다. 이곳 현장에 임하여 지표면을 살펴보면 흙이 없다. 그 이유가 앞에서 언급한 것처럼 발자국에 의한 피해와 높은 위치라서 비바람에 의한 풍화작용에 의한 것처럼 보인다. 마치 앙상한 뼈대만 남은 갈비 아저씨의 몸체처럼 보이는 현장이 이렇다는 말이다. 왜 이 말을 하는가 하면 한마디로 현장이 올바르지 못하다는 뜻이다. 혈 현장의 분석은 현재의 눈으로 보는 것이 정답이다. 과거로 생각하여 거슬러 유추하여 보면 주관에 치우칠 우려가 크고 객관화가 떨어진다. 과장되게 글을 쓰면 허위가 되거나 거짓이 되어 현실성이 낮아지게 되는 이치다. 이러한 폐단을 방지하기 위해서도 현재의 모습으로, 사실 그대로 표현하는 것이 올바른 분석 기법이다. 이러함에도 불구하고 흙이 있다고 보고 분석을 해야 하는 이유가 반대급부적인 논리 때문이다. 우리나라 지형 자체가 돌만 있는 지표는 극히 일부다.

사리탑은 관성에 위치함으로 혈에서는 비켜져 있다. 빈 곳인 혈에서의 기도는 좋을 것이다. 이는 살아 있는 사람에게 배려하는 형태가 된다. 사리탑이 혈 자리에 있는 것이 아니므로 오히려 산 사람에게 더 좋은 자리를 양보하고 배려하는 봉정암의 사리탑이 되었다.

구 적멸보궁은 건물의 뒤가 골짜기로, 물로 이루어져 있는 관계로 용맥이 부실하다. 신 적멸보궁은 사리탑에서 보면 멋지게 생긴 4신사의 보국으로 상당히 좋게 분석할 수가 있으나, 근접해서 건물의 뒤를 보면 대형의 암석 아래 존치된 건물이다. 혈이 된다는 조건 아래 대형의 바위 상부가 자리다. 따라서 이러한 필자의 논리라면 신·구 적멸보궁은 혈이 아니다. 다만 구 법당보다는 신 적멸보궁이 가시적 거리나 지향점에서는 좋다고 우선 평가된다. 사리탑에 대한 평가 분석은 다음과 같다.

(1) 1j ▬▬▬

1j는 맨 처음 보는 지표면의 형태다. 〈그림5〉 봉정암 사리탑 혈증 모양의 ①④⑤가 'j' 자이다. 이곳 사리탑 그림의 ④⑤는 낚시 고리 형태로 보기가 쉽지 않은 곳이다. 풍수 혹자들이 오른쪽에서부터 돌아 낚시 고리로 보는 경향이 있기 때문이다. 첫째로 사람들이 절을 할 수 있도록 땅을 확보하기 위해 좌우로 평탄 작업을 했고, 두 번째로 이러한 형편이다 보니 흙이 유실되고 해발 고도상 1,244m로 상당히 높아 바람이 심하며, 비바람으로 인해 흙은 완전히 유실되어 암으로

〈그림4〉 봉정암 실제 지형

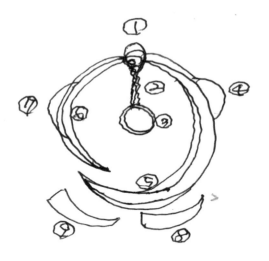

〈그림5〉 봉정암 사리탑의 혈증 모양

만 이루어진 곳이다. 즉, 흙은 없고 돌만으로 되다 보니 j자가 어떤 형태로 되어 있는지 구분이 어려운 것이 사실이다. 그러나 앞에 붙은

관성(톱의 톱니)을 보면 이해가 갈 것이다. 왼쪽으로 돌아 우측의 안
테나가 있는 곳(2번째 관성)까지 돈 증거가 있다. 관성이 2개나 붙어
'j' 자로 마무리가 되었다. 만약 'j' 자가 아니고 'I' 자가 되어 계속 일직
선으로 빠져나가는 맥선은 의미가 없다. 여기처럼 'j' 자가 되는 곳이
어야 혈이 된다.

(2) 2선 ━━━━━

〈그림6〉 톱의 모양

2선은 선룡 선수가 2가지로 좌선과 우선으로 나눈다. 좌선은 전순
우측에서 끝이 나야 하며, 우선은 전순의 좌측에서 끝이 나야 한다.
물도 그렇고 용도 같은 방향으로 끝이 나야 올바른 선룡이 된다. 이
곳의 선룡을 우선으로 말하는 혹자도 있을 수 있다고 보지만 무리는
아니다. 선룡 읽기가 쉬운 곳이 아니기 때문이다. 그 이유는 2가지
로 지표면에 흙이 없다는 사실과 사람들이 기복을 위해 기도하는 공
간을 넓히기 위해 평탄 작업을 했기 때문이다. 흙이 없는 경우에는

관성을 보고 판단해야 하는데 이곳의 암석을 보고 판단해야 한다. 3성은 영겁의 시간이면 몰라도 일정한 시간 속에서는 변화가 없기 때문이다. 3성 중 관성에는 2개가 존재한다. 좌측의 암(5층 사리탑 설치)과 우측의 암(입수에서는 잘 보이지 않음)으로 이들의 형태가 거의 유사하다. 이 돌들은 좌측에서 우측으로 횡선 형태로 붙여진 모습으로 되어 있다. 참으로 묘한 형태가 일품이다. 일반적인 산속의 암석은 등고선을 기준으로 보면 종선으로 되어 있는데 여기서는 기운을 정지하려는 듯한 모양새로 되어 있어 상당히 좋다.[1] 우리가 나무를 베기 위해 사용하는 손톱의 톱날을 살펴보면 진행되는 방향이 있고, 이와는 반대로 진행하지 못하게 된 형태가 있다. 〈그림6〉에서 보는 바와 같이 맥은 A에서 B로 진행된다. 반대로 B에서 A로는 진행되지 못한다. 수직으로 흘러내린 각도 90°를 넘을 수가 없고 A 지점은 45°로 경사가 비교적 완만하다. 암석도 마찬가지로 진행되는 방향이 있다. 급경사지는 입산이 어렵거나 못하게 되며 내려가는 산이다. 이에 비해 올라가는 산은 완만하고 편하다. 물론 상대적으로 비교를 하지만 완급이 존재한다. 이를 응용하여 진행될 수 있는 급경사

---

1 산에서 대부분 암석의 형태는 종선으로 되어 있는 것이 일반적이다. 그러나 봉정암의 적멸보궁 사리탑 하단부에 있는 암석 2기는 횡선으로 되어 있다. 하나도 아닌 2개가 같은 방향의 종선으로 되어 있다. 이러한 형태는 기운의 정지다. 혈의 정의는 기운이 가는 것이 아니라 정지되어야만 기운이 멈춘다. 이를 증명하는 의도처럼 암석이 횡으로 놓여 있다. 기운이 멈추려 하면 흙으로 된 둔덕이나 암석도 이러한 방향으로 되어 있어야 기운이 멈춘다. 횡으로 틀어져 있는 형태와 종으로 된 형태를 이해하는 풍수인은 필자가 알기론 거의 없다. 이는 풍수의 기술이 아니라 혈증을 보는 기술이다. 즉, 풍수 술자가 아니라 혈증의 술자가 되어야 한다.

지의 방향과 완경사지의 방향을 찾아내면 'j' 자와 동시에 선룡이 결정될 것이다. 이러한 자연의 이치로 이곳의 선룡 선수가 우선이 아니라 좌선이다. 좌선이면 1j의 형태가 'j' 자 글자 그대로 'j' 자가 되며 이 글자 형태대로 선룡이 좌선이다.

(3) 3성 ▬▬▬

3성을 표현하기 전에 먼저 사람의 신체는 뼈와 살로 되어 있다. 산도 마찬가지로 뼈만 있으면 맥(脈)으로 뼈와 육이 같이 있으면 용(龍)으로 대칭된다. 이러한 논리로 볼 때 이곳의 사리탑은 뼈로만 되어 있는 맥으로 통용된다. 하지만 온전히 맥으로만 있다고 한다면 자리는 되지 않을 것이다. 뼈 위에 육이 있는 곳에다 사람을 눕히는 것이 일반적인 장사의 기법이기에 육인 흙이 있어야 한다는 내용에 대해 언급이 있어야 할 것으로 보인다.

이곳의 3성은 귀 · 관 · 요 등 세 곳에 다 있다. 귀성은 입수로 그 주변이 암으로 분포되어 있다. 관성은 대형의 바위로 2개나 있다. 2개 중 큰 곳의 암석에 5층 석탑의 사리탑이 존치되어 있다. 하지만 종선의 논리상 좌측으로 1m 정도 들어가 있다. 좌측 요성에는 소형의 암이 존재하며 우측에도 암이 존재한다. 따라서 이곳에서의 3성은 모두 존재하고 있는 곳으로 의미가 상당하다.

(4) 4상 ▬▬▬

앞에서도 언급을 한 바 있으나 흙이 있어야 제대로 된 혈상이 나타나는데 가상적으로 표현한다는 것은 한계가 있다. 하지만 뼈로만 된

맥의 존재는 흙과 같이 있다고 전제하여 혈상을 표현해 보면 와혈이 된다. 세부적으로는 전·후·좌·우가 고른 정와가 되며, 깊이는 이미 언급한 것처럼 가상적으로 분석할 수 있으므로 천와로 유추된다. 따라서 정와와 천와의 와혈 명당이다. 다만 3성으로만 이루어져 있으므로 흙으로의 성토가 되었으면 하는 마음 간절하다.

(5) 5순 ▬▬▬

5순은 둥글게 형성되고 정와로 판단되었으므로 금성의 형태로 추측된다. 5순도 흙이 있어야 제대로 판단될 수가 있으나 맥으로만 되어 있으므로 유추적으로 해석할 수 있다. 다만 정와이기 때문에 전순의 모양은 둥글게 되지 않으면 곤란하다. 따라서 5순은 금형으로 유추된다.

(6) 6악 ▬▬▬

4상과 1j, 2선에서 말한 바와 같이 6악은 마루판을 깔아 놓은 곳에서 능선을 보면 돌출된 곳이 있다. 이것이 입수다. 입수는 입수맥을 통해 기운을 전달받고 이곳에서 1차 정화를 한 다음 세 군데로 보내진다. 중심인 입혈맥을 통해서는 그중에서 가장 큰 기운이 연결되며 다음 기운이 선익으로 연결되는데 두 개의 선익 중 좌측으로 돈 선익으로 힘이 더 간 것으로 보인다. 우측으론 기운이 덜 가는 모양새다. 이렇게 전달받은 좌선익은 전순에게 연결되어 마지막으로 마무리가 된다. 좌선익이 우선익보다 크므로 좌선룡에 의한 모습으로 안고 있다. 입혈맥에서 혈로 전달된 기운은 멈춘 모양이다. 이러한 모습이

4상에서 언급된 설명대로 전·후·좌·우가 고른 정와의 모습이다. 따라서 6악이 제대로 이루어진 혈로 유추된다. 5시간을 올라오는 기운이 점점 쇠퇴함과 동시에 이곳에 가장 먼저 도착하여 다시 기운을 회복하는 기회가 되었다. 시간이 된다면 독자들의 관산 참여가 필요로 하는 곳이다.

(7) 7다 ▬▬▬

7다가 모범적으로 이루어진 곳이 이곳이다. 관성에는 떨어짐이 월등하다. 좌·우측의 돌았음이 일품이며 돌로 되어 있는 곳이지만 윤곽이 뚜렷하다. 특히 전순에 해당하는 맥선이 관성에서 끝났다. 더 이상의 용진이 없기에 기운이 멈추어 있다는 증거다. 힘 좋게 내려온 기운이 이곳에서 끝이 난 것이다. 이처럼 7다 원칙이 아주 탁월한 곳으로 산세나 기후적 관점에서도 대단한 기운을 가진 주변 환경이다. 지룡이 아닌 간룡에 이러한 기운이 대단하다고 보는 이유다. 일반적으로 명산에 명당이 없다는 말이 이곳에서는 허용되지 않는다. 즉, 설악산 봉정(鳳頂)이라는 명산의 이름 아래 명당이 있다. 혈은 지룡에 있는 것이 일반적인데 이곳처럼 거대한 강룡(强龍)인 간룡(幹龍)에서의 혈 생성은 보기 힘든 조건 속에서도 혈이 만들어진다는 새로운 사실이 발견된 곳이다. 참으로 다행스럽고 명산에도 명당(이) 있다는 현실적 사실을 알게 한 곳이다. 풍수적 혈이 유명세를 이루게 될 것으로 믿어 의심치 않는 봉정이다.

(8) 8요

8요(曜)는 요성을 의미한다. 요성의 모양이 3개다. 없는 것, 파조, 타탕 형태로 좌선과 우선에 각각 있으므로 2x2x2=8개로 8요가 된다. 봉정암 적멸보궁에는 타탕의 모양으로 된 요성이 좌우에 위치한다. 이러한 형태는 '좌타탕우타탕'이다. 타탕은 파조보다 힘이 좋고, 없는 것보다 더 나은 것으로 가장 큰 힘이 되어 혈을 위해 밀어주는 역할을 하며 장사 시에는 선익의 기운보다는 요성의 기운을 우선하여 천공하는 장사 기법이다.

(9) 9수

6악은 흙이 없어 거짓말하는 것처럼 보이지만 흙 아래에는 엄연히 돌이 있다는 전제하에 추론하는 것으로 혈증인 6악은 5수가 된다. 3성은 모두 존재하므로 4수로 판단하여 9수가 된다. 9수 전체가 존재하는 혈성은 극히 일부다. 그만큼 품격이 훌륭하다는 의미로 이러한 혈증이 이곳에 존재한다는 건 사실이다. 천혈의 명당이 봉정암 사리탑에 있다.

(10) 10장

사리는 5층 석탑 속에다 봉안한 만큼 장사 기법이 어려운 것은 아닌 것 같다. 다만 전순에 붙어 있는 관성에다 돌탑을 조성한 기술이 감탄을 자아내게 한다. 무거운 돌을 어떻게 운반했는지 등에 대한 불력이 대단한 것으로 이해된다. 5층 석탑의 위치가 산 사람을 위해 배려를 한 것이 특징이다. 일반적으로 장사는 죽은 자가 혈 자리에 들어가도록 하는 방법이다. 이에 비해 이곳은 산자들을 위한 공간으로 보이기 때문이다. 혈이 비어 있어 산자가 그곳(혈)에서 기복을 기대할 수가 있다. 즉, 적멸보궁에서 사리를 보도록 하는 것이 아니라 혈 자리에서 기도를 올리도록 배려했다는 측면에서 상당한 혈증적 호평이다. 기복 신앙을 기본으로 하는 불도들의 입장에서라면 대단한 배려가 아닐 수 없다. 불자(독자)들의 많은 참여가 독려된다. 사리탑 주변에서 혈을 찾아 1시간 만이라도 기도하고 내려오는 여유가 있기를 바란다. 봉정암에서 하루를 보내면서 기도하고 기도하면 어떤 작은 소망이나마 이루어지리라 믿는바 이것이 혈의 기운이다. 힘들게 올라간 만큼 손해는 없을 것이다. 기도하면 본전 생각은 빠진다는 마음이 절로 날 것이다. 신·구 적멸보궁에서의 기도보다는 사리탑 주변의 혈 자리에서 하는 기도가 효율성 차원에서 좋은 효과가 있을 것이다. 적멸보궁은 허울만 좋은 곳이 되며 사리탑 주변의 혈 자리에서의 기도 차이는 엄청난 결과를 초래할 것으로 생각되며, 사리탑의 혈은 진정 기운이 넘쳐나는 곳이다.

※ 적멸보궁의 현지 상황

① 건물의 교체

구 법당에서 신 적멸보궁으로 건물이 바꾸어 사용되고 있다. 하지만 필자가 보기에는 별 의미가 없다. 혈 자리가 아니기 때문이다.

② 산행길 문제

사리탑으로 가는 산행길이 문제다. 선룡이 좌선이기 때문에 지금의 길로 다니는 것은 훼손의 정도가 있다. 사람들의 많은 통행과 비바람에 의한 피해로 지표면이 유실되어 흙이 없다. 이를 예방하기 위한 차원에서라도 사리탑이 있는 전방으로 사람들의 출입로를 개발하여 보행토록 하는 제안이 되어야 할 것으로 본다. 다소 어렵더라도 봉정암까지의 고난(5시간)의 행군에 비하면 조적지혈(鳥迹之血:새발의 피)이란 말이 생각난다. 설악산의 봉정암 적멸보궁은 생각하면 생각할수록 깊이가 더해지는 곳이다. 풍수인이든 정혈인이든 힘이 들고, 괴롭지만 한번은 다녀가는 기회의 장이 되었으면 하는 희망이다.

영월 사자산 법흥사

이곳 적멸보궁의 배치는 오대산 중대 상원사의 적멸보궁과 양산 통도사의 적멸보궁과는 거의 일치한다. 이에 비해 봉정암의 적멸보궁과 정선 정암사의 적멸보궁은 상당한 이격의 거리에 떨어져 있다. 영월 법흥사의 적멸보궁과 자장율사의 수행처인 사리의 저장고는 연접되어 있다. 〈그림7〉은 법흥사의 적멸보궁과 사리함의 배치도로 ①은 작은 소나무가 군집되어 있는 곳이며 ②는 사리함이며 ③은 적멸보궁이며 ④는 작은 건물이다. 맥의 기울기가 작은 건물로 흘러간

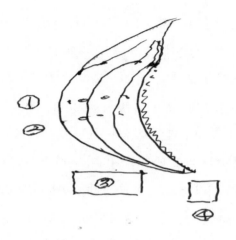

〈그림7〉 영월 법흥사의 현장 모양

다. ①·②·③은 탁으로 형성된 요도이다. 이러한 영향으로 기운이 의심된다. 먼저 사리가 봉안된 곳의 혈증이 궁금하다. 적멸보궁에서 사리함을 바라보는 그곳은 좌·우로의 균형을 이루지 못한다. 적멸보궁 뒤편에서 좌측과 우측을 놓고 보면 대칭이 되어야 하는데 비대칭이다. 이것이 가장 큰 의문이다. 혈은 큰 쪽의 선익이 작은 쪽의 선익을 감아 주어야 나름의 균형이 생기는데 이러한 혈증이 없다. 다만 혈거(穴居) 형태로 이루어진 사리의 봉양은 의미 있다. 마치 옥돔이 바다 최하 지역에 밑바닥을 파서 생활하는 형태의 혈거나 사람이 움집을 만들어 사는 것과 '이글루'를 만들어 생활하는 형태는 이곳 사리 봉양의 모양과도 아주 유사하다.[2] 맥선의 흐름은 양초 등을 파

2   동아일보, 「옥돔 이야기」. 2022. 8. 26. A29.

는 작은 건물의 모퉁이로 맥이 흘러 내린다. 적멸보궁의 중심으로 맥이 흘러들어 와야 정상인데 이곳에는 이러한 증거가 없다. 작은 소나무로 밀식된 곳이 요도이다. 이 요도로 인해 적멸보궁의 옆 작은 건물이 있는 쪽으로 맥이 흘러 내린다는 것이다. 맥의 흐름은 정상적인 맥이 아니라 측면이 되는 보궁의 자리이다. 즉, 측면에 사리함이 존재한다는 것이다. 바로 맥이 들어와야 극히 정상인데 그러하지 못하다는 것이다. 이러한 조건 아래 공간을 확보하기 위해 평탄 작업을 한 것으로 이해된다. 적멸보궁의 17평[3] 공간은 작은 면적이 아니며 혈이 이렇게 큰 규모의 면적이 될 수도 없다. 따라서 적멸보궁은 배산임수도 아닌 측산임수다. 배산이 아니면 어떠한 다른 논리로 접근해도 의미가 부족하다. 필자의 논리로 볼 때 사리가 있는 곳도, 적멸보궁도 혈이 아니다. 이에 비해 적멸보궁에 대한 풍수 입지를 분석한 연구로 풍수지리를 4신사로 판단하는 분석 방법은 수박의 겉만 맛보는 아주 싱거운 해석이 되는 것으로 이해된다.[4] 풍수지리는 혈이 요체다. 혈에 대한 분석이 요원하면서 4신사가 풍수의 전체인 양 해석하는 방법은 지양되어야 할 것이다. 특히 분석에 있어 혈증에 대한 분석이 주가 되어야 하는데 일반 사신사(四神砂)가 주가 되는 주객전도의 논리가 되어 주제로부터 멀리 가 버리는 내용이 된 것 같은 글의 분위기다. 혈에 대한 논리는 세세하면서도 뚜렷한 객관이지만 풍

---

3   사자산 법흥사 적멸보궁, 「적멸보궁」, 3편. 리플릿.

4   문종덕, 「풍수지리와 사찰입지에 관한 연구」, 세명대학교 대학원, 2019, p. 33.

수[5]는 아니다. 이러한 점이 아쉽다는 것이다.

※ 적멸보궁의 현지 상황

사리가 봉안된 곳은 옮길 방법이 없다. 적멸보궁에 대한 계획이 추진된다면 혈 자리를 찾아 신축하면 될 것이다. 이러한 논리로 볼 때 혈증이 되는 곳을 찾아 놓고 시간이 흘러가면서 새롭고 작은 건물(신 적멸보궁)을 지으면 될 것이다. 봉정암은 이미 구 적멸보궁은 구 법당으로, 새로운 곳에는 적멸보궁이란 건물이 새롭게 세워져 명명하여 사용되고 있다. 또 다른 하나는 적멸보궁을 신축한다 하더라도 사리함이 잘 보이지 않는다. 앞부분에 적멸보궁의 건물이 있으므로 차폐가 된다. 이를 보완하기 위해서는 사리함의 정상에 안테나 형태의 기지국처럼 보이는 조망이 있어야 가능하리라 본다. 이러한 점을 염두에 두고 혈 자리를 찾아야 할 것이다. 아니면 사리함 중심에다 봉정암의 사리탑[6] 모양으로 탑의 조성이 되면 가능할 것으로 본다.

5 풍수는 장풍+득수로 4신사와 수다. 아무리 눈을 크게 뜨고 보아도 혈에 대한 논리나 뜻은 없다. 이것이 문제다.

6 봉안된 사리함의 정상 부근이 정위치로 판단된다.

정선 태백산 정암사

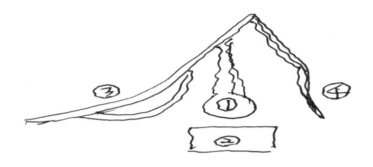

〈그림8〉 정선 정암사 적멸보궁의 현장

정암사의 적멸보궁은 강원도 정선군 고한읍에서 태백시로 넘어가는 길목의 최고 막장에 있다. 열목어가 산다는 곳으로 물이 아주 천연이다. 예전에는 석탄 광산으로 계곡의 물이 새까만 석탄 빛깔의 물이 흘러 별로 좋은 정감이 없는 곳이지만 지금은 그때와는 사뭇 다르다. 이곳 또한 적멸보궁과 사리탑으로 구분되어 있다. 두 곳은 혈증을 찾기 어려웠다. 〈그림8〉은 정암사 적멸보궁의 견취도이다. ①은 중심으로 진입된 맥이지만 기운이 그곳 위에 있으므로 적멸궁까지 도달되지 못하는 맥이다. ②는 적멸궁이다. ③은 우측의 맥으로 점점 도망가는 형상으로 좋은 모양새가 아니다. ④는 좌측의 미세한 맥이지만 의미를 두기는 그렇다. 먼저 적멸보궁 건물의 뒤편을 보면 중심의 맥은 둔덕처럼 생겨 내려오고는 있다. 건물 뒤편에 멈춘 듯한 모양으로 볼록하게 생긴 형태가 존재한다. 이러한 형태는 기운이 그곳에 멈춘다. 우측에는 맥이 하나 내려오는데, 내려오면서 도망가는 형태가 된다. 맥은 적멸궁을 안아 주어야 하는데 도망을 가는 형태가 되어 우측의 산으로서는 못마땅하다. 이러한 형태는 엄마가 아이를 안을 때의 모양처럼 되어야 좋은데 정반대의 형태가 되어 좋지 못하다. 그 증거가 현장에 남아 있다. 좌측의 손가락을 구부리면 구부러지는 쪽에 골짜기가 생긴다. 이 손가락과 현장의 우측 맥이 아주 유사하다. 우측의 능선 밖에 골짜기가 있기 때문이다. 이러한 현상이 당시의 논리로는 좋게 볼 수도 있지 않았을까 하는 생각은 이해된다. 다만 지금의 지표면을 읽어 보면 응해 주는 맥이 아닌 반대쪽의 사찰 건물을 응해 주는 형태가 되어 조금은 실망스럽게 보인다. 태백으로 넘어가는 도로가 있는 물가의 골짜기는 반궁수는 아니지만 그렇다고 하여 썩 좋다고 보는 물길 또한 아니다. 이처럼 적멸보궁의 자리는 혈증이 없다. 다만 창건주의 의도는 알 수가 없지만, 궁금증은 사라지지 않는다.

전석을 활용하여 쌓은 탑의 탑실 안에 사리가 있는 곳의 혈증은 모호하다. 〈그림9〉는 사리탑의 견취도로 ①은 진입하는 맥이며 ②는 요도이며 ③은 사리탑이다. ④는 우측으로 돌아가는 맥으로 사리탑을 외면하는 형상이다. 올라가는 계단을 따라 끝까지 올라가면 지맥이 하나 나타난다. 이 지맥을 유심히 보면 돌아서 나가는 형태가 된다. 이 지맥이 ④번 지맥이다. 요도나 지각이 아니라 돌아서 나가는 형태로 마무리를 하는 사다. 이러한 현상은 전탑이 있는 위쪽에서 멈춘 형태다. 맥이 내려와서 탑까지 진행되어야 함에도 탑의 뒤편 언

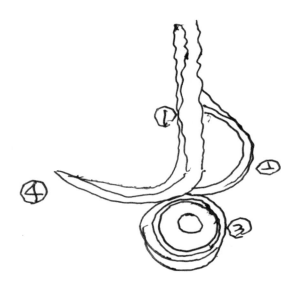

〈그림9〉 정암사 사리탑의 현장

덕 위에서 돌아가 외면하는 모습이 되므로 기운의 정도가 없다. 두 번째로 탑신의 하단부는 급하게 경사가 크다. 이 부분에 많은 옹벽을 쌓아 강제적으로 평탄을 했다. 이러한 현상은 경사가 급함을 의식하고 있는 것으로, 급경사지는 혈이 없다. 이상(以上)의 2가지 논리라면 혈이 될 수가 없다. 당시의 풍수 잣대로 보고 판단을 해서 설치를 한 것으로는 이해된다. 다만 필자의 혈증 논리로 분석할 경우로 혈의 개념과는 차이가 있다. 따라서 정암사의 적멸보궁과 사리탑은 혈증이 발견되지 않는 무혈지로 판단된다. 이러함에도 불구하고 입지 공간에 풍수 지표를 활용한 정량화 연구를 한 내용은 적멸보궁과 수미

노탑이 횡룡입수를 한 것으로 표시되어 있다.[7] 횡룡입수는 입수의 방법으로 이해되는데 용맥의 흐름을 횡룡입수로 표현한 것에 대해서는 의미가 다른 것으로 생각된다. 이를 점수로 환산하여 5대 적멸보궁에 대해 우열을 가리는 데는 동의하기가 무척 어렵다. 다만 풍수를 정량화했다는 논리에 대해서는 객관적으로 이해를 하지만 좀 더 구체적인 발상이 되었으면 한다.

※ 적멸보궁의 현지 상황

사리탑의 이동은 여러 가지 어려운 문제가 있으므로 불가능하나, 적멸보궁은 길한 자리로 혈을 찾아 건축을 하면 된다. 따라서 사리탑 반경의 여건 속에 혈을 찾아 놓는 계획이라도 이루어졌으면 하는 바람이다. 사찰의 건물이 혈이 있는 곳과 없는 곳의 차이는 첫째 땅의 균질(均質)이다. 균질은 어느 한쪽이 빈약하지 않다는 의미다. 한쪽이 낮아 성토를 해서 평평하게 한 다음 건물을 신축하면 시간이 지남에 따라 균열이 가거나 땅이 꺼진다. 지금도 사리탑은 균열이 보이고 그 정도가 진행되고 있다. 이유는 경사지에 평탄 작업을 하고 건물을 지었기 때문이다. 이를 예방하기 위

---

7   노태봉, 「5대 적멸보궁 입지 공간에 풍수지표를 적용한 정량화 연구」, 인문사회과학연구 제23권 제2호, 2022, p. 578.

한 차원에서도 자리를 찾아야 한다. 두 번째는 건물의 규모이다. 자리는 크지 않고 작으며 크기에 맞추어 건물을 지으면 그렇게 큰돈이 들어가지 않는다. 사찰에 이러한 크기의 건물이 많다. 산신각이나 삼성당 또는 소규모의 건물이 즐비하다. 작은 건물을 짓는다면 많은 세월이 흘러도 안전에 대해서는 문제가 없을 것이다. 조속한 시일 내 자리를 찾는 노력이 있어야 할 것으로 기대된다.

평창 오대산 상원사

상원사의 적멸보궁은 여러 적멸보궁 중에서 혈증인 요소가 있는 곳이다. 아래와 같은 혈증이 존재한다.

〈그림10〉에서 ①은 석굴이며 ②는 작은 골짜기이다. ③은 요도와 적멸보궁이며 ④는 선익이며 ⑤는 양초 등을 판매하는 곳이며 ⑥은 j 자로 나간 근저이다. ⑦은 좌선익이며 적멸보궁의 전체 견취도이다.

오대산 중대 적멸보궁을 향해 가면 용맥이 나온다. 적멸보궁은 맥의 지현과 기복을 음미하기도 하고, 힘의 강약도 헤아려 보면 맥선의 공부가 되는 곳이다. 중대는 용맥 공부에 안성맞춤으로 덤을 하나 더 얻어가는 곳으로 혈을 공부하는 사람에게는 상당히 도움이 된다. 산의 앞과 뒤인 면과 배, 음과 양 등을 비교하면서 올라가면 오르막 경

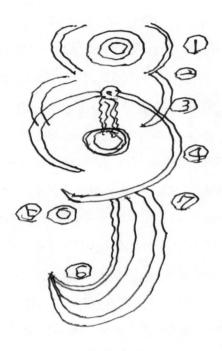

〈그림10〉 오대산 상원사 적멸보궁의 현장

사지에 용맥 공부를 겸하면서 올라가는 게 한결 더 쉬울 것이다. 오대산 적멸보궁은 해발고 1,100m의 높이에 위치하므로 바람과 강수의 피해가 예상되는 곳이다. 사람은 뼈와 살로 이루어진다는 긍정적인 생각이다. 산도 같은 개념으로 석(石)과 토(土)로 이루어져야 올바른 지표의 용맥이 될 것이다. 돌로만 이루어지면 부드러움은 사라진다. 흙으로만 이루어져도 균질(均質)의 논리로 볼 때 문제가 있을 수 있다. 돌 위에 흙이 있어야 정상적인 토질이 된다. 이러한 토양이 우리나라 대부분의 토양이며 이곳이 그렇다. 혈의 논리로 볼 때도 흙 아래에는 돌이 있어야 정상이다. 이러한 곳이 상원사의 적멸보궁으로 골과 육이 혼재되어 있으나 봉정암의 적멸보궁은 뼈로만 되어 있는 용맥으로 상호 비교된다. 상원사의 사리가 묻힌 곳과 건물인 적멸보궁은 상호 연접되어 있다. 사리가 묻힌 공간은 2번째(〈그림10〉 ③)로 높은 곳이다. 입수 후(뒤)의 산에서 쳐 올라온 첫 번째 봉우리(〈그림10〉 ①)에는 석벽으로 되어 있다. 첫 번째 공간이 혈이라면 돌혈이 전제되어야 하는데 그곳에는 혈증이 아무것도 없다. 현침을 가진 돌혈이 올바른 혈인데 사가 보이지 않으므로 혈이 될 수가 없다는 말이다. 두 번째 봉우리가 혈이라면 와혈이 되어야 하는데 좌측에는 골짜기(〈그림10〉 ②)로 되어 있으며 선익이 없다. 선익이 없다는 말은 혈이 아니란 말이다. 그렇다면 사리가 묻혔다는 제2 봉우리는 혈이 될 수가 없다. 필자의 논리라면 건물로 이루어진 적멸보궁이 자리다. 이곳의 좌·우측에는 구릉지 같은 작은 둔덕이 붙어 있는 요성이 존재하고 있다. 이 자리가 주목된다. 따라서 적멸보궁을 중심으로 분석한 결과는 다음과 같다.

(1) **1j** ▬▬▬

필자의 논리로 볼 때 1관(觀)인 j는 적멸보궁의 건물 좌측에서 시작된 선룡은 우측의 작은 건물로 돌아가는 형태로 마무리된다. 그 모양이 'j' 자로 ④⑦⑥이다. 좌에서 출발하여 우측에서 끝난 형태로 완전한 'j' 자이다. 적멸보궁의 앞은 낮다. 낮은 공간 위(상부)가 전순으로 낚시 고리의 최하단부 모양이다. 전체 모양이 'j' 자로 1관이다. 1관이 되어야 혈로서의 출발이 시작되므로 가장 중요하게 다루는 관산

법이다. 'j' 자 모양이 되지 않으면 혈로서 의미가 없다. 기운이 멈추지 못하고 내려가기 때문이다.

(2) 2선 ▰▰▰

선룡은 좌선이며 선수도 좌선으로 선룡 선수는 모두 좌선이다. (1)에서 언급된 것처럼 왼쪽 손가락을 굽힌 모양과 같은 'j' 자의 좌선으로 돌아가는 모양이라야 정상적인데 이곳이 그렇다. 다만 사람이 좌측을 통해 올라가는 지름길이 나 있는데 이런 경우에는 좌선익이 피해를 받을 우려가 있다. 개선의 여지가 필요하다. 앞으로 사람이 올라가는 지름길이지만 피해의 정도를 줄이기 위해서는 왼쪽 손가락이 돌아가는 'j' 자 형태의 끝부분으로 돌아가 작은 건물이 있는 곳으로 변경하여 돌아가는 방법으로 개선되어야 할 것이다. 하찮은 것처럼 생각할 수 있으나 품격이 있는 만큼 소규모의 피해가 있다면 개선하는 것이 앞으로의 세대를 위해서도, 사찰을 위해서도 긍정적인 생각이다.

(3) 3성 ▰▰▰

오대산 상원사 적멸보궁의 3성은 입수에 있는 귀성과 전순에 있는 관성, 그리고 적멸보궁의 좌·우측 흙으로 이루어진 요성을 의미한다. 이곳의 귀성은 암으로 이루어져 있으며 관성은 흙으로 이루어져 있고, 요성도 흙으로 붙어 있다. 따라서 귀성은 여러 곳에 분포되어 있고, 관성은 전순에 흙으로, 좌·우측의 2곳에 붙어 있는 요성으로 3성이 다 성립되어 있다. 3성이 전체적으로 있다는 것은 흔치 않은데 이곳에는 모두 다 있다.

(4) 4상 ▬▬

　혈의 4상은 와 · 겸 · 유 · 돌로 각 6종으로 24종이다. 이곳의 적멸
보궁은 와혈로 변와이며 천와다. 바라보는 끝부분에 낚시 고리 형태
가 된다. 적멸보궁에서 와혈로 마무리가 되고 난 다음 마지막까지 진
행된 바 있다. 이러한 형태가 변와이며, 와혈의 높낮이는 집을 짓는
다는 이유로 형질 변경되어 확인 불가다. 따라서 적멸보궁의 규모가
있도록 평탄 작업을 한 것으로 보인다. 이렇게 하면 선익이 다칠 염
려가 있다. 그렇다고 하더라도 집은 규모가 있어야 하고 특히 사찰인
만큼 큰 규모가 된다고 보이더라도 과대한 건축은 지양되어야 할 것
이다. 혈이 그만큼 크지 않기 때문이다. 집을 짓기 전(평탄 작업 전)
에는 선익이 보였을 것으로 추측된다. 이에 대해 기룡혈이라고 판단
하는 주장자가 있다.[8] 기룡혈의 명칭은 혈의 4상도 아니고 종류도 아
니며 모양을 두고 나타내는 일종의 사이비적 혈명이다. 이러한 혈의
이름은 학인의 입장에서는 삼가야 할 것으로 생각된다. 왜 그런가 하
면 엄연히 기본적이고 기초적인 혈의 4상이 있는 것으로 주객이 전도
된 논리다. 혈의 4상을 언급하는 것이 첫 번째요, 두 번째가 세분류
로 혈의 세(細)종류다. 더군다나 '여기'라는 표현은 혈의 4상 전체에
서 사용하는 용어가 아니다. 와 · 겸 · 유 · 돌의 혈 4상에서 유일하게
여기가 없는 혈이 와혈이다. 와혈에 여기가 있다는 것은 혈이 아니

8　박정해, 『사찰에서 만나는 불교풍수』, 씨아이알, 2016, pp. 263-264.

란 의미와 같다. 와혈의 그림을 놓고 보거나, 와혈이 있는 현장에 가면 이해가 될 것이다. 와혈은 전순의 연결성이다. 전순의 생성 원리가 이해되어야 가능할 것이다. 전순이 어디에서 왔는지, 어느 요소와 연결되었는지에 대한 이해 없이는 불가능한 말이다. 따라서 '여기'는 와혈에 없고 일어나서도 안 된다.[9] 즉, 이곳은 유혈이 아니라 와혈이다. 대부분의 풍수인들은 유혈이라 할 것이다.[10] 그러나 정혈을 주장하는 필자(정혈인)는 와혈로 보는 것이다.[11] 혈증을 논해 보고 다스려 보면 이해가 될 것이다. 이와 유사한 묘지가 8대 명당으로 알려진 남양주에 있는 김번 묘지가 아주 유사하다. 이 묘지 또한 쭉 흘러가는 것이 아니라 우측에서 좌측으로 마무리를 한 것으로 선룡이 우선이다. 이에 비해 오대산 적멸보궁은 좌측에서 우측으로 'j' 자 형태로 마무리를 한 것으로 선룡이 좌선이다. 상호 비교하는 방법도 혈증에 관한 연구가 되리라 생각된다.

(5) 5순

분석의 5관이 5순이다. 5순은 전순의 형태인데 선룡이 좌선으로 우측의 작은 건축물까지 돌았다는 가정하에 판단해 보면 금성으로 볼수가 있다. 금성의 전순은 가장 무난하며 여러 곳에서 나타나고 돈으로 분석되어 부(富)로 판단하기도 한다.

---

9 이재영, 『혈 인자수지』, 책과 나무, 2020. p.76, 168.

10 위의 책, p. 240. 그림 참조.

11 위의 책, pp. 123-124.

(6) 6악 ▬▬▬▬

6악은 혈의 필수적인 혈증이며 가장 기본으로 현장을 살핀다. 입수는 위치적으로 가장 높다. 입수룡을 통해 전해 받은 기운이 입수에서 숨을 고른 후 3곳으로 보낸다. 하나는 입혈맥으로, 좌·우측의 2곳은 선익으로 기운을 분배하여 내려보내는데 이때 정제된 기운은 혈로 보내진다. 와혈을 기준으로 볼 때 혈에서는 마무리가 완료된다. 큰 선익이 작은 선익을 안고 있으며, 또한 전순으로 연결된다. 낚시고리 형태로 마무리되며 이 형태가 변와다. 선익의 깊이는 얕은 것으로 판단되어 천와로 보인다. 앞에서 언급한 바와 같이 입수, 전순, 입혈맥, 좌우 선익 등이 완벽하게 이루어져 있는 혈증으로 6악이 우량하게 판단되는 곳이다.

(7) 7다 ▬▬▬▬

7다는 완벽하다. 산 정상인 만큼 이렇게 이루어진 7다는 흔치 않다. 2번째 봉우리가 입수로 높이 들었다. 입수는 3군데로 돌고 떨어지도록 하는 방법으로 이루어져 있다. 선익은 돌았고 떨어지기도 했다. 요성은 붙었고 떨어졌다. 전순은 돌았고 2차적으로 'j' 자가 되면서 마무리됐다. 좌선익이 우선익을 안은 모습이다. 이처럼 7다는 완벽하게 이루어져 있는 곳이다.

(8) 8요 ▬▬▬▬

8요는 요성을 두고 판단한다. 요성이 없으면 8요에 대한 감평은 둔해진다. 다만 요성이 없으면 6악으로 만족하여 장사를 마쳐야 하므로 주의를 요한다. 이곳은 8요가 2곳에 있다. 좌측에는 타탕으로, 우측에도 타탕으로 붙어 있다. 즉, 좌타탕우타탕이 붙은 8요가 존재한다. 8요가 붙은 혈의 장사는 선익만 있는 혈증보다는 기운이 크며, 8요가 기준점이 되며, 덤으로 추가되어 격이 높다.

(9) 9수

9수는 6악과 3성으로 이루어진다. 6악은 5수로 필수적이며 기본이다. 3성은 4수로 선택적이며 플러스알파다. 5수와 4수로 9수가 되는 것으로 혈의 품격을 다루는 개념이다. 9는 수리적으로도 완벽하고 만점으로 따져도 최고로 마지막의 숫자다. 이처럼 9수는 최종적인 계리(計理) 상의 별(宿)이다. 9수가 다 있는 곳으로 명당이다.

(10) 장사

이미 장사는 건물로 완료되어 정확히 확인하기는 어려우나 혈이 적멸보궁으로 이 자리를 대상으로 분석한다. 평탄 작업을 해서 지금의 지면은 낮아진 형태다. 땅의 지표면이 낮아지면 바람 등의 자연조건이 이탈된다. 그러한 이면에 혈의 음택이 아닌 양택의 집으로 혈의 논리는 물론 집에 3대 원칙을 분석하면 다음과 같다. 배산임수는 아주 정상적이다. 사리의 터(址)를 보기 위해서는 산 위를 봐야 하는 관계로 적당하게 지어졌다. 하지만 그 당시의 시대 상황은 알 수가 없다. 다만 집의 구조는 정확하게 배산임수로 완료했다. 전착후관은 일자(一)형 집으로 의미가 없고 전저후고 또한 전착하고 같다.

나머지의 장사 기법은 알 수가 없다. 크기로 보아도 사리는 규모가 작으므로 망자의 장사 기법과는 차이가 있을 것이다. 따라서 일반적인 장사법을 논한다는 원칙은 의미가 없을 것으로 보인다.

※ 적멸보궁의 현지 상황

① 배산임수

적멸보궁이 배산임수(背山臨水)의 원칙으로 집을 지었으되 사리를 보는 방향에서는 위배된다. 봉정암의 적멸보궁은 정상적인 데 반해 이곳의 적멸보궁은 배산임수로 지어졌으나 배수임산으로 사리를 보고 있다는 것이다. 사리를 지키고, 보고, 기복(祈福)하는 입장으로 적멸보궁이라 어떤 방도는 없다. 다만 풍수지리 혈로 분석한 바로는 배산임수다.

② 진입로 문제

선룡이 좌선으로 우선쪽 진입로가 되어야 한다. 기회가 된다면 'j' 자 끝으로 돌아 작은 건축물이 있는 곳으로 돌아다니는 것이 좋을 듯하다. 그래야만 더 이상의 혈상(전순과 좌선익)이 손상되지 않을 것이다.

③ 용안수의 진응수 역할

진응수는 혈 앞에 있는 물로 혈의 기운이 더 용진할 수가 없도록 하는 역할의 물이다. 그래서 진응수가 있으면 진혈이라고 하는 논리다. 그렇다면 진응수는 혈의 앞이나 측면의 아주 가까운 곳에 위치되어야 하는 물이다. 거리가 있다면 진응수의 역할은 불가하다. 따라서 이곳의 용안수는 혈과의 거리가 있고, 또한 선룡이 좌선이면 우측의 앞면이나 측면에 위치해야 함에도 좌측 하단부에 위치하여 진응수가 될 수 없는 조건이다. 풍수 혹자들은 혈 앞이나 측면의 거리를 생각하지 않고 물이 존재하면 당연히 진응수라고 표현하는데 이는 문제다. 진응수는 혈전 가까이 위치하여 그 물로 인해 더 이상의 기운이 진행하지 못하는 정도의 거리 안에 있는 물이어야 제 역할이 될 수 있다.

④ 혈의 크기

혈은 1평 내외로 규모가 작다. 이미 필자의 여러 서책에서 주장하고 살폈다. 크지 않은 혈에 큰 건물이 될까? 의문이 아닐 수가 없다. 혈이 크다면 건물도 묘지도 가능하지만, 규모가 작은 혈에는 건물이 어울리지 않을 것이다. 생각을 한번 해보고 건축이 되어야 할 것이다. 묘지가 답이다. 따라서 혈은 묘지만 가능하다.

⑤ 절(拜)의 방향

혈의 대상은 사람이다. 죽은 자인 사자든, 살아 있는 생자든 간에 혈의 중심에는 사람이 들어가야 한다. 그런데 가만히 보면 이치에 어긋나는 곳이 여러 곳이다. 집이든 묘지든 간에 그렇다는 말이다. 그런데 절은 어떻게 하여야 하는가? 상향(上向)이 아니라 하향(下向)이 정답이다. 아래를 보고 절을 해야 올바른 기운이 된다. 이것이 향(向)과 기(氣)의 논리다. 그렇다면 사찰에서의 108배 등의 절은 문제가 될 것이다. 다만 그 대상물이 있다면 예외가 될 것이지만 그러하지 않다면 하향으로 하는 것이 올바른 답이 될 것이다.

⑥ 입혈맥의 단절

적멸보궁의 뒤편을 보면 사리탑과 보궁의 중간에 물도랑이 있다. 즉, 맥이 끊어진다는 현상이 보인다. 올바른 입혈이 되지 못한 것이 확인된다. 선룡이 좌선으로 전체적인 물길은 오른쪽으로 빠져나가야 올바르다. 그런데 이곳의 맥선인 입혈맥이 단절되도록 사람에 의해 맥선이 없어졌다. 혈증의 하나인 입혈맥은 좌우측의 물길을 갈라 주는 분수척상의 의미가 강하다. 적멸보궁의 뒤가 물도랑에 의해 수분(水分)이 되어야 함에도 인위적으로 도랑이 되어 물도랑이 부자연스럽게 되었다. 향후 사찰에서는 맥선의 중앙인 맥을 중심으로 좌우 폭 5m 정도는 보토를 해 주어야 할 것이다. 많은 수고가 들어가지 않아도 된다. 조속히 보토해 주는 지혜가 필요할 것이다. 입혈맥은 기의 계속적인 기통(氣筒)이 되므로 이를 손상하는 행위는 곤란하다. 맥선의 중심인 기맥을 보호해야 하는 이유가 여기에 있다. 이처럼 혈증을 개념 없이 무계획적으로 다스리는 경향이 허다하다. 맥은 허들(hurdle, 장애물)이 있어서도, 되어서도 좋지 못하다. 자연 그대로 온전히 다스리고 보호 관리해야만 된다. 기의 통로인 만큼 그곳이 손상되거나 훼손되는 경우에는 전부를 잃거나 반감되므로 풍수인이나, 관계인들은 주의하여야 할 것이다. 항간에 일반 묘지나 사대부 또는 왕릉에서도 입혈맥을 훼손시키는 행위가 간혹 있으므로 주의하여야 할 것이다. 양택인 집도 음택인 묘지와 완전히 다르다. 묘지는 혈이며 규모가 작고 또한 지하에 있지만 건물은 혈이 아니며 지상에 있는 점이 가장 큰 이유다.

양산 영축산 통도사

통도사는 혈증으로 구성된 적멸보궁이 아니라 배산임수로 건축된 건물로 혈증을 가진 봉정암과 오대산의 적멸보궁과는 비교된다.

〈그림11〉은 통도사 적멸보궁에 대한 견취도로 ①은 옆으로 비스듬히 들어오는 맥으로 분명하지 않다. ②는 금강계단이다. ③은 적멸보궁이다. ④는 구룡지다. ⑤는 앞산과 앞에 있는 물로 궁수(弓水)며 앞산도 궁하게 해주는 형태가 되어 아주 잘 생겼다. 안아 주고 응해 주는 모양이 일품이다. ⑥은 들어오는 맥이 되나 확실하지 않다. 통도사는 3권역으로 적멸보궁 등 상로전, 불이문 등 중로전, 천왕문

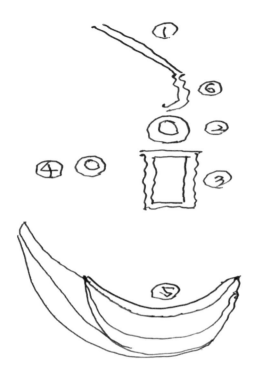

〈그림11〉 양산 통도사 적멸보궁의 현장

등 하로전으로 나눈다. 적멸보궁은 뒤편에 사리를 봉안한 금강계단
이 있다. 금강계단의 들어오는 용은 〈그림11〉 ⑥과 같이 분명한 것
이 보이지 않는 단점이 보인다. 뒤편의 구렁 같은 작은 능선이 직접
들어오는 것이 아니라 옆으로 빠져나가는 형세로, 또한 훼손이 심해
분명치 않다. 좌·우측의 물길은 곧장 아래로 빠져나가는 형상인데
이곳 또한 훼손이 많아 구분되지 않는다. 물은 모여져야 하는데도
불구하고 훼손으로 물길이 모이지 않는다. 이처럼 형체가 보이지 않

는데도 마치 유(두)혈인 것처럼 표현하는 것은 혈의 기능을 저감 또는 저하하는 역기능적인 표현이다.[12] 참으로 어처구니가 없다. 거짓말을 해도 새빨간 거짓말을 하는 원숭이[13]처럼 설명하는 논리는 정혈인의 한 사람으로 볼 때 100% 허구다. 따라서 풍수인이 아니라 혈증을 찾는 정혈인의 한 사람이 되어야 할 것이다. 이러한 방법의 처신으로 풍수인들을 미신화하는 풍조를 앞세우게 되는 행위는 없어져야 할 것으로 본다. 없으면 없고 있으면 있는 그대로의 표현이 올바른 풍수(정혈)인이 아닐까? 필자는 적멸보궁에 주안점을 두고 다음과 같이 논했다. 적멸보궁은 금강계단 바로 앞에 있다. 적멸보궁의 우측 옆에는 작은 연못인 구룡지가 있고, 앞산의 우측에서 흘러나오는 계곡물로 만곡의 굽어진 물길(그림11 ⑤)이 앞산과 함께 어울린다. 강우가 많아짐에 따라 물의 양이 많으면 많을수록 앞산은 공격 사면이 되며 반대쪽인 적멸보궁의 앞쪽에는 퇴적 사면이 되어 흙이 쌓인다. 이처럼 물에 의한 유불리를 따져 봐도 이곳은 풍수지리 설명상 상당히 유리하다. 사리가 봉안된 금강계단과 적멸보궁을 분석해 본 결과 금강계단은 들어오는 용과 좌 · 우측의 불안한 물길, 너무나 많은 훼손 등으로 혈증이 확인되지 않는다. 이에 비해 적멸보궁은 우측의 구룡지, 만곡된 계곡의 물길, 앞산의 안아 주는 형상, 인위적인 방법이지만 긍정적인 도로, 공격 사면과 퇴적 사면의 사실

12 박정해, 『사찰에서 만나는 불교풍수』, 씨아이알, 2016, P. 10.
13 눈 감고 야—홍하는 고양이나 원숭이처럼 풍수를 평판하는 혈 분석가는 문제가 한둘이 아니다. 이들은 정혈인이 아니라 풍수인이다. 이처럼 정혈인과 풍수인은 구별되어야 마땅하다 할 것이다.

등을 합산해 분석한 결과 건물로서는 길지로 평가된다. 다만 양택이라는 개념 속에 혈증으로 이해하기는 곤란하다. 혈증인 1j · 2선 · 3성 · 4상 · 5순 · 6악 · 7다 · 8요 · 9수 · 10장 등에 해당하는 요소는 아니며 집에 대해서는 배산임수 등 양택 3간법이 적용되는 것으로 분석되어야 하기 때문이다. 양택의 평가 기준은 용맥의 원근, 취락의 대소, 물길과 안산 등에 의해 결정될 수 있으며 여러 가지 풍수적 안목에 따라 선정되는 것이 일반적이며[14] 4신을 기준으로 하는 마을 풍수와는 다르다.

이곳 배산임수의 판단은 맥이 들어와야 하는데 금강계단에서 설명한 내용과 같이 분명하지 않다. 다만 물길을 보면 그곳이 높다. 높다란 의미는 '맥이 있다.'란 예상을 할 수 있다. 또한 전방에 있는 만곡의 물길과 앞산의 형태, 상로전의 넓은 크기의 도량, 용맥 원근의 적절한 거리[15] 등으로 그 당시 건물을 신축한다는 생각은 무리가 아니며 혈을 이해하는 정혈인이라면 가히 정상적으로 본다. 용이 전진하지 못하도록 이루어진 것이 궁수다.

둘째로 만곡은 용이 전진하도록 인도하고 안내하는 역할의 반대 작용도 한다. 그 이유는 물이 없으면 계속적인 용진이 용의 습성인데 물을 만나면 갈 수가 없는 문제로 타의(물)에 의해 맥이 멈추게 된다. 이러한 이유로 만곡은 기운을 멈추게 하는 간접적인 역할을 전담했

---

14 우에다 마코토 지음, 조용미 옮김, 『풍수 환경학』, 21세기 문화원, 2022, p. 50.

15 사찰에서 횡적 거리가 가장 긴 곳이 이곳이다.

다. 만곡의 형성은 적멸보궁 등의 상로전의 보폭이 넓다는 것을 의미하며 한편 용진 폭의 여유가 있다는 간접적인 의미가 되는 중첩의 설명이다.

셋째로 지면의 여유 폭이 넓다는 것은 물의 피해를 줄여 주기도 하며, 피해의 시간을 길게 잡아 주기도 하는 역할도 한다. 요즈음은 잦은 태풍 등으로 많은 비가 내린다. 이를 방어해 주는 기능이 만곡의 여유 폭이다. 여유 폭이 넓다는 의미가 이를 간접적으로 알려주기도 한다. 시골의 계단식 논밭은 평탄 작업을 해서 사용한다. 하지만 평탄 부위가 가장 넓게 형성된 꼭짓점(곳:호미곳, 장선곳 등의 반도를 의미한다)으로 맥이 흐른다. 이 이치와 같은 논리로 통도사 적멸보궁의 맥선은 아주 자연스럽게 되어 있다. 적멸보궁의 앞에 있는 물길이 만곡이며, 반궁수가 아닌 궁수이기 때문이다.

넷째로 궁수는 대통령 집무실이 있는 곳의 형태와도 닮았다.[16] 대통령 궁 앞의 궁수는 만곡의 형태가 넓고 큰 형태로 되어 있으나 통도사는 넓지도, 비좁지도 않은 아주 적정한 만곡부다.[17] 이러함에도 불구하고 이곳은 최대의 사찰 구역 중 평탄지에 위치하는 곳으로 맥의 맥선이 살아 있다는 증거다.

---

16 네이버, 「용산의 풍수」, 지도 참조.

17 이러한 예시는 3군데의 회(回) 마을에서 나타난다. 경상북도 안동에 있는 하회 마을, 예천의 회룡포 마을, 상주의 회상 마을에서 확인된다. 회룡포는 좁게 회상 마을은 넓게, 하회 마을은 중간적인 형태다. 만곡부를 보면 하회가 중간 형태로 적정하다고 상대적인 비교가 된다. 이처럼 통도사의 적멸보궁이 하회 마을과 유사하게 나타난다.

다섯째로 물길에 관한 논리가 있다. 공격 사면과 퇴적 사면의 영향이 분석된다. 앞산은 물의 공격으로 시간이 흐르면 흐를수록 흙이 공격을 받아 잘려져 나가 유실된다.[18] 반대쪽은 흙이 쌓이는 현상의 퇴적 사면이 된다. 퇴적 사면은 강의 폭이 크면 클수록 많이 나타나는데 퇴적 사면의 후면에 적멸보궁이 위치한다.

여섯 번째로 퇴적 사면이 되는 곳으로의 도로 개설이다. 이러한 방법의 도로 개설은 필자가 상당히 많이 주장하는 이론이다. 특히 묘지에서의 진입로 문제다. 선룡에 따른 비(非)선룡의 진입로 문제가 주(主)다. 좌선룡이면 오른쪽에다 진입로가 되어야 한다는 설명이다. 인위적인 행위이지만 자연을 그르치지 않는 것으로 상당히 의미가 주어진다. 아무리 훼손이 되더라도 하천과 산을 임의로 옮길 수도, 만들 수도 없는 것이 자연이다. 또 다른 하나는 음양의 교배 형태다. 금강계단과 적멸보궁을 종선으로 그은 일직선과 만곡의 물이 음(맥)양(물)의 이치다.[19] 마치 남자와 여자의 음양 교배처럼 형성된 모양으로 아주 묘한 형체다. 평탄지와 만곡 앞산 그리고 음양의 교배 형태 등으로 본 결과가 참으로 흥미롭고 의미가 짙다.

일곱 번째가 설법전의 배치다. 적멸보궁과 설법전은 평행에 횡으로 배열되어 있다. 이러한 배치는 앞산의 형태와도 같은 논리로 전저(前底)의 논리상 유리하다. 설법전의 건축으로 그 앞에 있는 물길이

---

18 이렇게 되면 경사는 커진다. 경사가 커지면 평맥도 입맥화하는 흐름이 생긴다. 따라서 물에 의한 공격사면은 상하의 경사가 점점 커지므로 적멸보궁에서의 물길의 형태는 길해지는 물길이 되며 궁수되는 상황이다.

19 박정해, 『사찰에서 만나는 불교풍수』, 씨아이알, 2016, P. 12.

곧장 빠져나가지 못하도록 하는 역할이 되어 적멸보궁의 건물을 안전하게 작용하고 있다. 또한 앞산의 거리가 멀게 느껴지는 현상까지 줄여 주는 것으로 이로 인한 그에 따른 한계를 시사해 준다. 이러한 효능이야말로 인위적인 방법이 된다. 이처럼 여러 가지의 유리한 조건이 이곳에서는 나타난다.

 따라서 적멸보궁이 건축물로 손색없다. 다만 언급한 것처럼 훼손의 정도가 너무 많은 것이 핑계 아닌 핑계가 됐다. 적멸보궁의 배산임수가 문제다. 사리를 봉양한 금강계단을 위시한 맥선상에 위치하는 관계로 적멸보궁의 배산은 가히 정상적이다. 배산으로써 임수가 아주 자연스럽다. 다만 일(一)자형 건물로 전착후관과 전조후고의 개념은 무색하다. 다만 이름이 4개로 정면과 후면 측면이 같은 크기로 되어 있다고 주장한 설명도 있을 가능성이 있으나 필자의 견해는 황금비로 이루어졌다는 의견이다. 일(一)자형이 아니라 I자형 건물이다. 종축이 길고 횡축이 짧다. 종축인 대웅전의 출입문이 5개이며 횡축인 적멸보궁의 출입문이 3개로 황금 비율인데 종축이 긴 건물로 묘지처럼 일반 건축물에서는 보기 드문 형태다. 어떤 이유로 이렇게 건축한 것인지에 대해서는 알 바가 없다. 혈을 위시하여 사용하는 묘지에서는 대부분 이러한 방법으로 사용하고 있는데 건물에서는 필자도 처음 보는 경우다. 통도사를 제외한 나머지 적멸보궁의 경우는 횡축의 폭이 넓은 형태로 건축이 이루어져 있는데 이곳과는 상호 비교된다.

구미 태조산 도리사

8대 적멸보궁은 5대 정멸보궁에 구미 태조산 도리사, 대구 비슬산 용연사 그리고 강원도 고성군 금강산 건봉사의 적멸보궁을 더하여 8대 적멸보궁이라 칭하고 있다. 그러나 5대와 8대의 적멸보궁에 대한 우선순위에 대해서는 명확한 구분이 어려운 것이 사실인 듯하다. 단지 시대순인 시간의 개념과 인적 자원(자장율사와 아도화상)에 의한 구분인 것으로 해석된다.

도리사에는 사리가 봉안된 사리탑과 적멸보궁 그리고 세존사리탑, 아도화상의 자리가 주목된다. 많은 건축물 중에서도 이들이 강조되는 이유는 맥선을 타고 있다는 사실이다. 맥선을 타는 동물도 있어 이채롭다. 담비가 그렇다. 담비는 산에 사는데 활동하는 주 무대가 능선이다. 능선에 있다가 소리가 나거나 몸집이 큰 다른 동물이 나타나면 하단부로 내려간다. 다시 조용해지면 산 능선으로 옮겨 산맥에서 즐긴다. 이처럼 담비는 능선을 좋아하는 동물로 조금은 이색적이다. 다시 처음으로 돌아가서 도리사의 4개소는 산 능선이지만 혈의 징표는 나타나지 않는다. 이유는 다량의 훼손으로 혈증이 사라진 것이다. 사리탑과 적멸보궁의 자리도, 세존사리탑도, 아도화상의 자리 모두 훼손된 정도가 많고 크다. 혈은 크기가 크지 않기 때문이다. 1평이 채 되지 않는 면적이기에 혈증이 보이지 않는다. 이들의 분석 정도는 다음과 같다. 주된 분석은 적멸보궁과 사리탑이 원칙이다. 하지만 아도화상은 도리사를 창건한 인물로 그에 따른 중대성과 중요성이 인정되므로 풍수 분석을 하게 되었으며, 세손사리

탑은 맨 처음 사리가 봉안된 곳으로 사찰의 출발점에 의미를 두고자
했다.

(1) 적멸보궁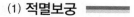

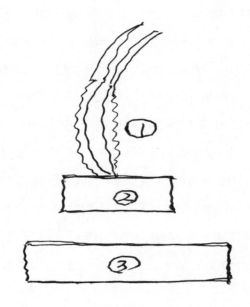

〈그림12〉 구미 도리사의 사리탑과 적멸보궁

① 맥선, ② 사리탑, ③ 적멸보궁

사리탑 앞에 건축된 적멸보궁은 앞마당이 좁다. 사리탑과 같은 맥
선에 나란히 있다. 마치 사리탑을 보호하듯이 앞을 가로막고 서 있는
누각 형태다. 맥선은 타고 있지만, 마당이 넓지 않고 좁다. 더군다나
앞마당은 경사가 큰 급경사로 위험성이 있어 보여 안정성이 떨어진
다. 다만 선룡이 우선으로 진입하고 있다는 사실이다.

(2) 사리탑 ▬▬▬

사리탑은 약룡처럼 약한 맥선에 있다. 선룡이 우선으로 그나마 사리탑을 응기해 주는 형태다. 앞에는 적멸보궁이 가로 형태로 길게 놓여져 있어 좋다. 28수의 논리는 4수를 논할 때 32%의 범주를 가진다고 알려져 있는데 이곳에 설치된 적멸보궁의 형태가 그렇다. 따라서 앞이 허한 것보단 적멸보궁의 역할은 비교적 많은 생각을 가지게끔 하는 의도가 좋다. 그래서 그런지 적멸보궁보다는 사리탑이 더 안정감이 있고 여유가 있다. 적멸보궁과 사리탑은 평등 관계로 보인다. 상하도 아니고 하상도 아닌 수평 관계로 경사가 없는 같은 높이로 되어 있는 곳으로 평등한 이치가 들어가 있는 것이 엿보이는 곳이다. 여타 사찰에서는 잘 나타나지 않는 곳으로, 사리탑이 높은 곳이 일반적인데 비해 적멸보궁은 1단 이상 낮은 것이 상식이기 때문이다. 이러한 경사의 처리는 일반 신도의 종속 관계를 떠난 신분 상승의 기회가 아닌가도 생각된다. 사리탑이 가장 안정된 곳으로 분석된다.

(3) 아도화상 ▬▬▬

아도화상은 사리를 봉안하고 이 사찰을 창건한 인물인 것으로 이해된다. 이곳 역시 맥선을 타고 있지만 작은 면적으로 훼손을 많이 한 흔적이 보이는 곳에 안착됐다. 다만 맥선상에 안주하고 있다는 사실은 인정된다. 맥의 중심에 위치하므로 여타 다른 시설물의 설치와는 대조적으로 좋게 분석된다. 다만 진입로가 아도화상의 앞 중앙으로 되어 있는 관계로 산사태 등의 불미스러운 관리가 염려된다. 지금도

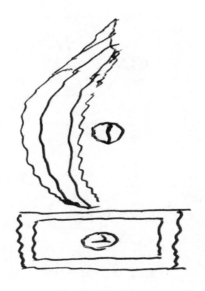

〈그림13〉 아도화상의 견취도

① 맥선, ② 아도화상

진입하는 계단 중간 부위에 피해가 있다. 옆으로 돌려 진입할 수 있게 개선이 되었으면 하는 마음이다.

⑷ 세손사리탑

〈그림14〉 세손사리탑의 견취도를 보면 ①은 맥선이며 ②는 사리탑이며 ③은 태조선원 ④는 삼성각 ⑤는 사리탑을 보호하는 건물이며 ⑥은 석탑이다.

세손사리탑은 약하게나마 타고 내려온 맥의 하단부에 위치한다. 너무도 많은 훼손으로 혈증은 보이지 않는다. 다만 전후좌우에 건물

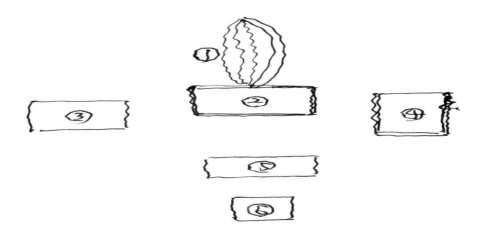

<그림14> 세존사리탑의 견취도

들이 배치되어 좋다. 앞에는 극락전과 석탑이, 좌측에는 삼성각이, 우측에는 태조선원이 자리를 함으로 전후좌우가 비보[20]하는 여건으로 구성되어 좋다. 특히 전방에는 극락전이 막아주며, 세존사리탑과 극락전 그리고 석탑이 일렬종대로 정렬되어 있어 중첩적으로 가려져 있는 분위기로 의미가 깊게 느껴지는 곳이다.

---

20 허한 곳을 허하지 않게 가산이나 나무나 건물로 보호해 주는 방법이 비보다. 이고의 세존사리탑에는 건물로 된 비보의 모습이 보인다. 경사가 급한 곳이라 건물의 건축이 어려운 문제도 있겠지만 넓은 곳으로 인해 허하게 보이는 부분으로 적당하게나마 비보 처리한 것이 보이는 곳이다. 비보에 대해서는 최원석의 글이 주목된다.

※ 도리사의 특징

이곳의 가장 큰 특징은 맥선을 타고 있다는 사실이다. 맥선은 기운의 상징이다. 혈의 지향점이 맥이기 때문이다. 맥이 없는 곳에 기운이 생길 여지가 없다. 기운의 전달이 있다면 백두산에서 출발된 기운은 어떻게 연결될 것인가에 대한 질문이다. 골짜기인 계곡, 측산, 맥선의 3가지 연결성 속에서 찾는다면 맥선만 기운이 연결된다. 다른 지형지물에서는 불가능하다. 물론 풍수가 아닌 수맥, 기맥, 신 등의 비 사이비성의 가풍수(假風水)가 판을 치는 세상이지만 말이다. 맥은 기운의 통로이자 연결 고리다. 따라서 도리사는 공히 맥선상에 인공에 의한 조형물이 설치되어 있다. 다음은 많은 훼손의 문제다. 비로 강우가 많아진다면 지나친 훼손은 문제가 된다. 자연을 생각하는 조형물의 설치가 요망되는 사찰이다. 세 번째는 사찰의 전반적인 위치가 산의 정상이다. 산 정상은 경사가 급하고 바람이 세차다. 급한 경사지에는 물의 처리와 강한 바람의 차단이 중요하다. 이게 바람의 풍, 물의 수가 아닌가 한다. 보다 진전된 지형지물의 활용이 있어야 할 것으로 이해되는 안전의 문제다. 도로가 급하고, 회전 반경이 좁다. 그리고 요즈음은 많은 강우로 인해 수량이 적지 않다. 아스팔트 포장과 다수의 건축물은 지반 위로 흐르는 물로 인한 피해가 우려된다. 폭우가 온다면 피해는 따를 수밖에 없다. 유비무환(有備無患)이 따로 없다. 세존사리탑 주변에는 비보의 흔적이 보인다. 이곳은 비교적 넓은 면적으로 건물에 의한 건축이 필요하게 보이지만, 세존사리탑을 주변으로 한 비보물이 우수(優秀)하게 처리한 흔적이 있는 곳으로 좋게 해석된다.

대구 비슬산 용연사

용연사는 〈그림15〉처럼 용맥의 외측에 의한 자리로 기운을 제대로 받지 못한 것으로 평가된다.

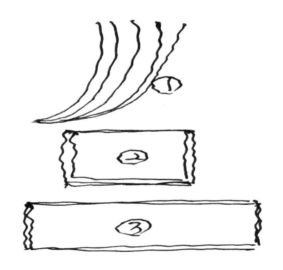

〈그림15〉 용연사 사리탑과 적멸보궁의 견취도
① 용맥의 측산, ② 사리탑, ③ 적멸보궁

용연사[21]는 신라 신덕왕 1년에 보양국사가 창건한 사찰이다. 용연사는 3구역으로 구분된다. 양산 통도사의 상로전, 중로전, 하로전으로 상하의 흐름으로 구분되어도 크게 보면 한 구역으로 이루어진 곳인데, 이곳 용연사는 극락전 일원, 지장전 일원, 적멸보궁 일원 등으로 계곡과 산림으로 분산된 것으로 상호 비교된다. 전혀 다른 사찰로 착각이 되기도 하는 절이다. 이곳의 사리탑과 적멸보궁은 상하로 이루어진 곳으로 수직적인 느낌이다. 사리탑이 높고, 한층 낮은 곳이 적멸보궁이다. 적멸보궁은 금강계단(金剛戒壇)으로 명명되기도 한 명칭이다. 계단은 수계의식을 행하는 곳으로 알려져 있다.[22] 하지만 사리탑과 적멸보궁은 혈증이 유명무실한 곳으로 분석된다.

(1) 적멸보궁 ▬▬▬

적멸보궁은 사리탑 아래 1층 낮은 곳에 이웃해 있다. 상하 간의 수직적인 관계가 나타난다. 상으로 보는 앙각[23]의 원리가 들어 있으며 사리탑과 대칭되는 곳으로 맥을 바로 받지 못한 위치에 있다. 양택의 3간법의 적용 대상도 아닌 건물이다. 이 궁 아래에 누(樓)가 있어 비보적인 효과를 다룬 의미는 돋보인다.

---

21 용연사, 대구시, 「용연사 둘러보기」 리플릿.

22 위의 책. 리플릿.

23 앙각은 위로 쳐다보는 각으로 수평 이상의 수직으로 보는 기울기를 의미한다. 적멸보궁이 사리탑을 쳐다보는 것으로 앙시가 되는 조건으로 건축됐다. 일반적인 조건이지만 수평으로 이루어진 구미의 도리사의 적멸보궁, 양산 통도사, 오대산 사원사의 적멸보궁, 법흥사의 적멸보궁 등이 있다.

(2) 사리탑 ▬▬▬

용연사의 사리탑은 용맥이 좌로 회전하는 외측에 있다. 혈은 돌아가는 상부 쪽이 자리이며 그 아래는 자리가 아니다. 될 수가 없는 이유가 앞에서 언급한 'j' 이론과 선룡이다. 'j' 자 이론은 j 그림이 되면 그 윗부분이 혈이기 때문이다. 그런데 이곳의 사리탑은 외측이며, 돌아가는 아래쪽이 된다. 이러한 위치적인 문제는 7다에서도 논한 바 있다. 혈증이 없는 곳에 사리탑이 존재한다는 것이다. 혈증의 분석 방법의 조건은 여러 차례 논한 바 있다. 따라서 필자가 주장한 1j, 2선(旋), 3성, 4상, 5순, 6악, 7다, 8요, 9수와 10장을 이해한다면 혈증에 관한 혈 찾기는 어려운 환경이 아닐 것이다. 혈증이 되는 10가지에 대한 이해 불가는 혈을 찾는다는 신념에서는 무리가 있다. 필자의 『혈증십관십서』[24]가 참고될 것이다.

※ 용연사의 특징

용연사의 적멸보궁과 사리탑은 혈이 아닐뿐더러 배산임수도 아니다. 이곳은 맥선의 폭이 좁고, 외측이며, 급경사지로 혈이 생산되지 못하는 지표다. 조속한 시일 내 혈을 찾아 사리탑을 볼 수 있도록 하는 지혜가 필요하다. 그러한 곳의 혈증은 1j부터 10장 장사까지의 요인을 확인하여 현장

---

24 이재영, 『혈증십관십서』, 책과나무, 2023.

을 찾는 노력이 되어야 할 것이다. 그래야만 신도나 스님들의 안녕과 행복 그리고 사찰의 무궁한 발전이 이루어지는 계기가 될 것이다. 조속한 시일 내 올바른 혈 자리를 찾기 바라는 마음이 간절하다. 명당이어야 발전이 이루어질 것이다.

고성 금강산 건봉사

고성 건봉사는 강원도 고성군 거진읍 723번지에 있으며 우리나라 4대 사찰[25]과 31본산의 하나에 해당하는 절이다. 금강산 감로봉 기슭을 줄기로 한 이 사찰은 3,183칸을 가진 규모로 거대한 규모였지만, 지금은 그보다 엄청나게 작아진 모습으로 많이 퇴색되었다.[26] 최북단에 있는 사찰로 520년에 아도화상이 창건했으며, 주변 경관이 아주 화려하고 좋다. 이곳은 부처님의 '진신치아사리'를 모신 적멸보궁으로 알려져 있다.[27] 이 절은 올라가면서 물길을 기준으로 우측인 대웅전 구역과 좌측인 적멸보궁 구역으로 나누어진다. 대구의 용연사의

---

25 네이버, 「삼보사찰」, 삼보란 불법승으로 통도사는 불보 사찰로, 해인사는 법보 사찰로, 송광사는 승보 사찰로 3대 사찰이다. 이에 규모로 볼 때 건봉사는 3,200여 칸의 건축물을 가졌던 사찰로 이를 4대 사찰로 하여 그 명성을 알리고 있다.

26 건봉사, 「금강산 건봉사」, 리플릿.

27 위의 리플릿, 진신치아사리탑.

주변 형세와 아주 유사하게 닮았다. 외측이라는 사실, 좌측 편에 의해 운행하는 선룡, 급한 경사의 산과 물, 맥선의 폭이 좁은 용과 물 등이 비슷하게 생겼다. 마치 땅을 옮겨 놓은 것처럼 아주 유사하다.

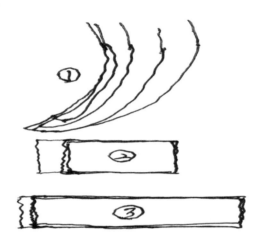

〈그림16〉 건봉사 진신치아사리탑과 적멸보궁의 견취도

〈그림16〉 건봉사 진신치아사리탑과 적멸보궁의 견취도에서 ①은 용맥이고 ②는 사리탑이며 ③은 적멸보궁인데 측산에 위치하는 것으로 좋은 조건은 아니다.

사리탑과 사리탑 아래 건물인 적멸보궁은 돌아가는 외측에 위치한다. 하나의 능선이 내려오는 중간에 위치하지 못하고 벗어나 있다. 기운은 중심에 있는 것이 일반적이다. 그런데 이곳의 사리탑과 적멸보궁은 그 중심에서 벗어난 곳에 위치된다. 이러한 배치는 자연에 의한 자연적인 배치로 현장의 지형이 〈그림16〉처럼 편향되어 있다. 산 능선의 중심이 좁고, 산의 움직임이 좌측의 힘에 의한 방향으로 돌아가는 외측이 된다. 이러한 곳에서는 중심 잡기가 어렵다. 첫 번째 이유는 움직이는 맥선의 폭이 좁아 사리탑이나 적멸보궁의 건물이 서서 누울 면적이 협소하다. 두 번째는 왼쪽의 힘으로 돌아가는 편맥이다. 편맥은 산의 움직임으로 한쪽 능선의 기운으로 움직인다. 이러한 조건 속에서는 건물의 지탱이 어렵다. 세 번째는 산은 깊은데 경사가 있어 물길의 계곡부가 급하며 물 또한 급하게 흘러 지표면 지질의 안전성이 떨어진다. 이곳에서는 사리탑과 적멸보궁의 건축물이 불리한 조건이 되므로 안전에 문제가 예상된다. 이러한 흔적은 사리탑의 우측에서 나타난다. 많은 성토로 인해 물이 스며든 흔적이 있고, 이로 인해 수류습(水流濕)[28]에 의한 피해로 주변이 아주 습(濕)한 분위기다. 또한 사리탑과 적멸보궁의 높낮이는 차이가 있다. 적멸보궁의 건물이 한층 낮다. 상하가 뚜렷한 수직적 형태다.

따라서 혈증은 전연 나타나지 않는 곳이다. 1j, 2선, 3성, 4상, 5순, 6악, 7다, 8요, 9수 10장 등 이외에도 많은 혈증의 요소들이 있지만, 어느 하나 혈증이 나타나지 않는 곳으로 사리탑이나 적멸보궁의 자리는 혈이 아니다. 다만 선룡은 좌선이다. 앞에서도 언급은 하였지만, 좌선으로 돌아가는 외측에 있으므로 전연 의미가 없는 곳에 있다.

---

28 수류습 화취조(火就燥)로 물은 습한 곳으로 불은 마른 곳으로 간다는 『주역』의 「중천건」괘에 나오는 말이다.

※ 건봉사의 특징

창건 당시 발전되어 4대 사찰로 명성이 자자했지만, 지금은 퇴색되어 위상이 많이 떨어진 상태다. 혈증이 되는 곳을 찾아 봉정암의 사리탑처럼 혈을 찾아, 그 자리에서 기도를 올리는 새로운 모습이 되기를 바라는 마음이다. 혈의 기운은 크다. 좋은 곳에서의 기도는 살아가는 사람의 입장이나, 기도하는 스님의 입장과 함께 편안하리라 생각된다. 그날 필자가 오전 적멸보궁 안에서 성불을 끝내고 나오는 스님을 만나 4대 사찰의 배경 등을 물었다. 그가 대답하기를 이곳은 명당이라고 했다. 이처럼 무언의 마음가짐 속에서도 풍수의 혈에 관한 미덥고 아름다운 감정이 있다. 이러한 말은 우연의 일치가 아니라 우연 중에 풍수 혈에 대한 명당 어감이 살아 있다는 증표다. 좋은 혈을 찾아 사리탑을 보고 즐기는 그러한 명당이 찾아지기를 고대하는 바이다.

서산 간월암

간월(看月)에는 섬 속의 섬으로 사암(寺庵)이 간월암이다. 인터넷에 서산 간월암을 치면 자세한 위치와 정보를 알 수 있다. 오전에 도착해야 들어갈 수 있는 암자로 아주 청결하고 근검절약한 모습이 나타나 보이는 암자다. 이 절은 적멸보궁과는 직접적인 관계는 없지만,

바닷가에 있는 사찰로 작으면서도 아주 간결한 묘미로 사찰의 본모습을 간직한 것이 특징이다. 그중에서도 풍수지리적 혈증을 간직한 곳으로 이해되어 혈증적 분석을 시도한 사찰이다.

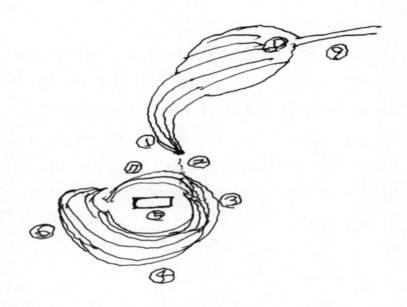

〈그림17〉 간월암의 견취도

〈그림17〉 간월암의 견취도에서 ①은 지금의 육지인 섬으로 우선이며 ②는 잠룡 입수의 맥이다. ③은 화장실로 그 위의 팽나무 근처가 입수이다. ④는 좌선룡으로 좌선익의 뿌리다. ⑤는 관음정이지만 가상적인 혈자리이다. 하지만 향은 상대향으로 큰 대양을 바라

보는 우를 범했다. ⑥은 전순과 관성으로 뿌리인 근저만 나타난다. ⑦은 우선익이다. ⑧은 지금의 육지로 시발점이 된다. ⑨는 도로를 만들어 사용하고 있으나 야간의 만조 때에는 물에 잠겨진 상태로 지표 된다.

(1) 1j ▬▬▬

제1관법인 1j는 좌선의 힘으로 들어가는 맥선이다. 암자 앞에 있는 뭍인 섬까지의 선룡은 우선이다. 이곳에서 물이 빠진 상태의 맥로를 타고 들어가면 암자의 화장실이 나타난다. 여기에서 좌선의 힘으로 돌아 종각이 있는 곳까지 진입했다. 그 형태의 맥로가 좌선에 의한 J자의 모양이다. 뭍에서 암자까지의 흐름은 S코스 모양이 되나, 암자 화장실에서 종각까지는 J자의 모양으로 1J가 된다. 따라서 1관인 1J가 성립되는 곳이다.

(2) 2선 ▬▬▬

1J에서 설명한 바와 같이 화장실과 종각의 모양 선룡은 좌선이다. 선수도 같은 좌선으로 흘러 우측으로 빠져나가는 형상이 되어 좋다. 다만 바닷가에 있는 곳으로 선수에 대한 해석은 선룡에 비해 2차적이다. 물의 양이 많은 곳이 바다이기 때문이다.

(3) 3성 ▬▬▬

간월암은 물에 의한 단점이기도 하지만 장점이기도 한다. 물로 인한 흙이 없는 곳으로 3성의 발달은 대단히 크다. 귀성 · 관성 · 요성이 다 있는 곳이기 때문이다. 바닷가가 아니면 흔하지 않는 곳이 혈의 조건인데 비해 이곳은 흙이 귀한 곳이다. 따라서 3성의 발달은 대단하다고 본다. 이러한 조건이 간월암의 특성이기도 한 것이다. 달을 본다는 의미는 양(陽)보다는 음(陰)이 강하다는 속된 의미가 도사리고 있다. 이곳이 그러한 뜻으로 내포한 곳으로 의미심장하다.

(4) 4상

혈의 4상은 밑에서 올라가면 제일 높은 곳이 보호수가 있는 곳이 된다. 보호수가 혈이라면 돌혈이 된다. 하지만 그러할 경우 혈증들이 앞으로 나간 형태가 된다. 이러한 경우는 와혈의 전조 증상이다. 와혈의 혈증은 전후가 좌우보다 길다. 그리고 좌나 우측의 선익이 감싸야 한다. 이곳은 좌선으로 좌측의 선익이 우측을 감싼 형태다. 이러한 혈증은 와혈이다. 선익의 깊이는 건축물로 덮인 형태로 확인이 어려우나 유사한 형상을 놓고 볼 때 천와로 유추된다. 또한 물을 건너온 잠룡입수로 돌중의 돌로 볼 수도 있다고 앞에서 언급했지만, 높낮이에 의한 혈증이 아니다. 따라서 본 암자의 혈은 정와와 천와의 와혈 명당이다. 풍수지리가들의 대부분은 돌혈이라고 볼 수 있지만, 필자의 소견으로 분석하면 와혈이다. 다만 풍수지리 연구자들의 이견(異見)은 있을 수 있다고 보는 가장 큰 이유이면서 차이점이기도 한 곳이다.

(5) 5순

5순은 전순의 형태다. 그런데 바닷가라 흙의 유실과 콘크리트로 평탄을 만들어 건축하므로 명확한 물증은 없다. 다만 유사한 곳의 형태로 볼 때 종각이 설치된 곳에 전순이 있는 것으로 유추된다. 다만 작은 규모에 큰 건물을 다량으로 설치하여 그러한 혈증들이 유실된 것으로 보인다. 그러나 3성들의 배치나 형태를 보면 금성의 모양일 가능성이 있다. 따라서 전순은 금성의 모양인 것으로 예상된다.

(6) 6악 ▬▬

앞에서 언급한 것처럼 입수는 화장실의 위치가 된다. 전순은 종각이 되는 것으로 본다. 좌우측의 선익은 바닥 속으로 들어간 상태다. 혈은 관음전이 되나 향이 상대향으로 되어 있는 향의 문제가 된다. 자연향이 되어야 제대로 된 방향이 될 것으로 보인다.

(7) 7다 ▬▬

본 암자는 흙이 물로 깎여 보이지 않는 구조로 되어 있다. 이러한 환경 아래 올려진 상태, 떨어진 형태 등은 보인다. 따라서 바닷가라는 특성으로 일부 흔적은 보이나 전체적인 7다는 보이지 않는다. 다만 들고 돈 흔적은 확실하게 나타난다.

(8) 8요 ▬▬

좌우측의 요성은 타탕으로 붙어 있다. 즉, 좌타탕우타탕으로 된 8요로 좋다. 다만 흙이 부족하다는 사실이 정상적이지 않다. 아무리 바닷가라 하지만 갖출 것은 갖추어야 하기 때문이다.

(9) 9수 ▰▰▰

품격은 좋다고 본다. 5수와 3성이 다 있는 곳이 되어 4수가 보태어
진 곳으로 9수가 된다. 숫자로만 보면 9수는 최상위의 수리다. 하지
만 해안가로 흙의 존재가 부족한 곳으로 품격으로만 제한한다는 논
리는 부족한 곳으로 이해된다. 다만 물이 빠진 상태의 잠룡입수의 모
양은 가히 일품이다. 맥선이 아주 뚜렷하게 나타나는 기현상을 아침
에 볼 수 있는 재미가 소소한 곳이다.

(10) 10장 ▰▰▰

장사는 건축이다. 혈이 작은 데 비해 요사채, 화장실, 종각 등 다
량의 건물이 존재하므로 혈장의 범주를 벗어난 형태로 무게가 항상
실린다. 혈의 규모에 맞게 묘지로 되어야 하나 건축된 사찰이므로 다
량의 건축 행위는 지양되어야 할 것이다. 바닥을 콘크리트로 장식하
여 혈장의 경계가 불명확하다. 이러한 처사는 혈의 혈증을 무시한 방
법이다. 혈이 아닌 배산으로 된 곳이어야 올바른 건축이 될 것이다.

※ 문제점 및 개선 방향

먼저 관음전의 향이 문제다. 물이 많은 곳으로 향한 상대
향의 논리로 건축했다. 풍수지리는 자연향의 논리다. 지금
의 향(270°)에서 90° 우측으로 틀면 종각이 있다. 이러한 향
이 자연향이다. 풍수지리의 혈증을 분석하면 향은 결정된

다. 지금의 향은 틀어서 지어진 방향으로 관리상 기회가 된다면 바로잡아 건축되어야 할 것이다. 다음은 지나친 성토와 많은 건물의 건축이다. 혈은 크기가 존재한다. 이러함에도 다량의 건축은 혈의 범주를 벗어나는 형태다. 어차피 사찰을 짓는다면 혈의 크기를 감안한 조그만 건물이 되어야 제대로 된 건축이 될 것이다.

여수 향일암

향일암은 전라남도 여수시 돌산읍의 남쪽 끝자락 막장에 있는 암자다. 사찰 관산차 진입하니 비가 계속 내려 올바른 관산은 할 수 없었지만, 그런대로 살펴보는 데는 지장이 없었다. 인터넷에 향일암을 치면 잘 설명된 자료를 볼 수 있다. 이 사찰은 암(巖)으로 된 암자다. 암은 글자 그대로 험하다, 낭떠러지, 가파른 등의 뜻을 가진 글자다. 산 중에 바위들이 즐비하며 많고 가파르게 형성된 중간에 암자가 있다. 글자 모양의 형태와 아주 흡사하다. 암(巖) 주변에 암(庵)이 있다. 신기하기도 묘하기도 한 곳이 이곳이다. 우리나라 3대 기도처로 알고 기대를 하고 갔지만 기대와는 사뭇 다른 분위기가 엿보인다. 억센 기운은 나타나는 듯하지만, 풍수지리상 혈증의 기미는 보이지 않는다. 그러한 이유는 아주 간단하다. 각각의 건물 구조물이 평탄하고 안전한 곳을 찾다 보니 언덕 위가 아니라 언덕 아래에 건축한 듯하다. 서해안의 해안 초입이라 바람의 양이 많고 거친 관계로 산중에서도 낮은 곳을 찾다 보니 이러한 문제 중의 문제가 된 것으로 보인다. 그러나 방풍과 장풍은 다르다. 방풍은 비닐하우스 속(內)을 이해하면 될 것이다. 비닐하우스 속에는 바람이 없다. 그러나 장풍은 한옥의 방(房)을 생각하면 될 것이다. 방에는 바람이 들어온다. 방은 바람을 잠재우기 때문에 포근하기도 하지만 추운 겨울철 견딜 만하다. 이에 비해 하우스 속에서는 바람이 없고 따뜻하지만 생활하기가 불편하다. 질식하거나 일산화탄소나 이산화탄소로 사망하기도 한다. 이러한 실례가 향일암에서 엿볼 수 있다. 바람이 세다는 핑계로 지표면 아래 하단부에 건축된 것으로 이는 풍수지리상 별 의미가 없는 곳으로 이해된다.

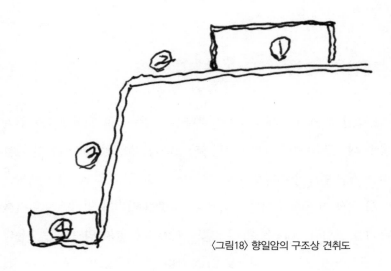

〈그림18〉 향일암의 구조상 견취도

〈그림18〉 향일암의 구조상 견취도에서 ①은 떨어지기 전의 건축물

로 혈증이 있을 가능성이 높은 곳이다 ②는 지표면 끝 지점 ③은 떨어진 지표면 ④는 떨어진 하단부에 설치된 건축물로 항일암의 건축은 대부분 이러한 곳에 있다.

지표면의 기준을 놓고 볼 때 평탄면 위쪽과 떨어진 하단부의 차이다. 이러한 기준점이 풍수지리학상 척도가 된다. 책상 위와 책상 아래의 차이가 이를 반증한다. 〈그림18〉에서 보는 것처럼 평탄면의 위와 평탄면의 아래는 차이가 크기 때문이다. 따라서 항일암의 건축물들은 대부분 하단부에 설치된 건물로 되어 있다. 이러한 논리는 풍수지리에 의한 용·혈·사·수·향으로 분석하면 혈이 없다. 특히 혈증으로 분석하면 더더욱 없다. 따라서 형일암은 혈이 아니다. 당연한 말이지만 풍수 논리상 혈증에 관한 이야기임을 분명히 밝힌다.

해남 도솔암

도솔암(兜率庵)은 세계적으로 하나뿐인 미륵불로 지장성지로 전라남도 해남군 송지면 마봉송종길 355-300번지에 있으며 자동차 길을 따라 가면 안내판이 나오는데 그곳에서 10분 정도 걸으면 된다. 도솔봉의 정상 부근에 위치한 사찰로 온 사방이 거리가 있지만 먼바다를 응시하고 있다. 대웅전이라는 현판 없이 도솔암의 명칭으로 사용되고 있으며 면적이 3평 내외로 아주 작다. 미미(微微)한 규모로 된 건축물로 필자가 그리는 크고 대형의 99칸 건물이 아니라 아주 소소한 소형의 건축물이다. 건너편에 산신각이 있다.

〈그림19〉 도솔암의 견취도

1) 혈장의 유무

도솔암은 거친 돌무덤 속에 위치한다. j자는 특이하다. 높게 솟은 암석들 속에 위치한 3평 정도의 작은 규모의 도솔암이다. 오른쪽의 선익 힘으로 전순과 혈을 안고 있다. 정확하게 말하면 우측의 요성이 발달한 곳이며 좌측에도 모두 암으로 되어 있다. 입석으로 생긴 것으로 뒤쪽에서는 누워 있는 형상이 되므로 기운이 모인다. 2선은 우선이다. 좌측의 암석들보다는 우측의 암석이 더 돋보인다. 필자는 혈이 아닌 형으로 보았지만 보면 볼수록 신기한 형상이다. 그런데 전순이 선익의 안쪽에 있다. 3성은 말한 그대로 귀성·관성·

요성이 즐비하다. 4상은 혈의 이름으로 겸혈이다. 와혈과 같지만 전순의 위치가 선익 안에 있으므로 겸(鉗)이 되는 것이다. 길이가 짧은 단겸이며 선익의 형태는 바른 것으로 직겸이다. 직겸이며 단겸의 겸혈이다. 5순은 높이 솟아 뚝 떨어진 형태로 붙기도 한 형태이지만 길게 된 것으로 목형의 모습이다. 6악은 입수와 전순 입혈맥과 입순맥 양선익과 혈이 있다. 7다는 비교적 잘 이루어진 곳으로 떨어짐이 좋은 장점이 있다. 8요는 붙고 떨어짐이 파조의 형태다. 9수는 흙이 뒤편에만 있다. 하지만 6악과 3성이 다 있는 곳으로 9수가 된다. 10장은 건축으로 규모가 아주 작다. 혈의 자리에는 흙으로 전순의 높이를 쌓고 마무리한 다음 건물을 지어 좋게 보인다. 억지로 뒤편 울타리를 볼 수 있도록 한 곳이며 아주 작은 규모로 형성된 것으로 일품 중의 일품이다.

2) 자연향

자연향은 아주 자연스럽다. 앞의 안산이 정말로 멋지게 생겼다. 안으로 굽는 모양으로 마치 설악산 봉정암의 안산인 용치(용의 이빨)와도 같다. 안산 역할이 비교적 훌륭한 곳으로 그들을 보고 있는 도솔암은 산이 높은 곳에 있지만, 허공에 떠 있는 것처럼 느껴진다. 아주 자연스러운 향이 되는 곳으로 향이 좋다.

3) 청룡 백호가 있나?

4신사는 안산만 있다. 다행히 선룡이 우선이므로 안산은 좌측에서 시작된 형상으로 마무리가 된다. 즉 우선룡에 좌측부터 연결된 산으로 우측에서 시작되는 안산보다는 아주 자연스럽게 보인다. 도솔봉의 높은 곳이지만, 낮은 곳에 있는 것처럼 높지 않게 평안함이 유지되는 곳으로 보여 좋다.

4) 깍개등

산 정상으로 깍개등이 자연스럽다. 마치 아래가 절벽으로 떨어지면 큰일이 나는 곳이다. 깍개등이 아주 강한 곳으로 칼처럼 날카롭게 형성된 곳이며 산 높고 물이 있는 곳이다.

5) 문제점과 개선

너무나 높아서 혈이 되는 곳이지만 사람이 살기에는 곤란한 곳이다. 지리산 정상에 자리가 좋다고 한들 사람이 살기는 어렵듯이 이곳 또한 그런 곳이다. 큰 도량이 깊고 높은 스님들의 곳이 아닌가 하는 생각이 드나 등산인이라면, 풍수지리 정혈가라면 한두 번 정도 다녀갈 만한 곳으로 보이는 사찰이다.

남해 보리암

보리암은 경상남도 남해군 상주면 보리암로 665번지로 입구 주차
장부터 붐빈 곳으로 곧바로 진입되지 못한 곳이며 순차(循次)를 기다
려야 하는 곳으로 신도객과 관광객들이 많다. 대구 팔공산 갓바위보
다 더 많은 사람이 접근하는 것으로 보인다. 800m 정도에 부소암이
있으며 걸어서 20분 정도 소요하여 보리암과 부소암을 함께 보면 좋
을 듯한 곳으로 상호 비교된다. 이곳의 특색으로 사찰의 건물보다는
휴게소와 판매점인 금산각(錦山閣)이 주목된다. 사찰의 건축물은 향
일암과 유사한 지형에 지어져 건물 요소요소에 금이 가거나 밀려진
흔적이 뚜렷하므로 위험성이 느낄 정도로 불안하다. 그러나 사찰의
부속 건물인 금산각은 풍수지리상 돋보이는 증거가 보인다. 이에 대
한 양택 3간법에 준해 분석을 할 것이다.

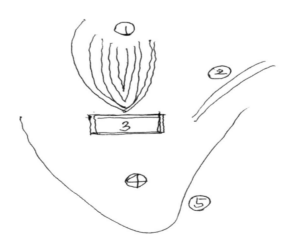

〈그림20〉 보리암 금산각의 견취도

〈그림20〉 보리암 금산각의 견취도에서 ①은 보리암 금산각의 내려오는 산이며 ②는 보리암으로 올라가는 진입이며 ③은 물품과 음료 등을 판매하는 금산각의 집이다. ④는 금산각의 앞마당이며 ⑤는 낭떠러지이며 그 아래에는 태조 이성계가 기도를 했다는 건물이 있다.

1) 양택 3간의 유무

이곳은 앞에서 언급한 바와 같이 사찰의 주 건물이 아니라 초입에 있는 부속 건물로 일반인과 신도를 대상으로 한 매점이다. 음료와 사찰 물품 그리고 불교 용품을 주 대상으로 판매하고 있는 곳으로 입로에 있다. 오고 가는 사람들이 가장 많이 붐비는 곳이다. 그만큼 대중성에서는 앞서는 건물이다. 이곳은 〈그림20〉에서 보는 바와 같이 배산되는 곳에 위치한다. 산이 끝나는 하단부로 평탄한 곳이다. 물론 콘크리트 등 토목 공사로 평탄 작업을 한 곳이지만 좌 우측의 경사면을 보면 일단 멈출 수 있는 곳이다. 이곳에 자연스럽게 앞을 보고 향을 지향한 자연향이 됐다. 좌우의 규모도 크지 않게 지은 건물로 볼품마저 드는 곳이다. 전저후고도 이루어진 곳이며 전착의 개념도 정리한 듯하다. 다만 주변을 울타리로 할 수 없는 조건으로 비교적 3간법이 이루어진 곳이다. 3요에 대해서는 사찰 건물로 그 목적에 맞게 이루어진 곳으로 적용한다는 것은 의미가 없으므로 삼간다. 다만 판매인이 그 중심에 있어야 하지만 여건의 허락 없이는 불가능할 뿐만 아니라 편리성에 대해서도 생각을 해야 하기 때문일 것이다. 이에 비해 주가 되는 사찰의 건물 등은 벽의 갈라짐과 기초 부분의 밀림 등으로 출입이 통제되어 있다. 이러한 피해는 당초 자리가 평탄지가 아님을 간접적으로 해석되는 것으로 이해되며 이와 같은 실례는 금산각과도 비교된다.

2) 자연향

배산에 의한 향인데 자연향으로 이루어진 좌와 향으로 상당히 좋은 의미로 볼 수가 있는 곳이다. 배산이 이루어지지 않는다면 의미가 없겠지만 능선에서 자연스럽게 형성된 곳으로 배산에 의한 임수로 사찰보다는 한수 높은 곳으로 의미가 깊다.

3) 청룡 백호가 있나?

저 멀리 바다가 보이는 절경으로 청룡과 백호는 없다. 또한 혈의 여부가 결정되어야 청룡과 백호라는 4신사가 결정될 수 있는데 이러한 주변의 사는 의미가 없다. 4신과 혈은 조화와 균형이 되어야 하는데 이곳의 금산각은 아주 높은 곳에 있다. 따라서 4신에 대한 의미는 없는 곳이며 양택의 3간법인 배산임수의 개념이 강한 곳이다.

4) 깍개등

깍개등이 있다. 능선에 위치한 금산각은 돌출된 곳으로 마무리가
된 평탄지에 위치한다. 이러한 곳에 깍개등이 존재한 곳으로 좋다.

5) 문제점과 개선

이곳은 주객이 전도된 곳이다. 사찰의 주인은 사찰 건물이다. 그런
데 주가 되는 각각의 건물들은 향일암과 유사하게 돌출되어 절벽으
로 이루어진 하단부에 건물이 있다. 암석의 중간에 위치하므로 이로
인한 건물은 물길의 중심에 있게 된다. 물 주변에 있는 건축물은 쉽
고 심하게 부식이 진행되어 빠르게 손상된다. 아무리 강한 콘크리트
도 마찬가지며 나무는 말할 필요도 없을 것이다. 이러한 피해는 재산
의 손실을 가중시키고 안전에 대한 불감증이 예상되기도 한다. 또한
신도들의 피해와 스님 자신들의 안전에도 도움이 되지 않는다. 따라
서 건축물의 조성은 신중하면서도 대단한 계산이 되어야 한다. 특히
풍수지리를 전공하는 필자는 건축물이 많이 있는 곳을 볼 때 항상 주
의를 요한다. 지표면의 수평인 평탄 관계가 주다. 토목을 한다는 목
적 아래 수평 작업을 할 곳의 절토와 성토 문제다. 절토는 깊이 있게
절단을 해서는 곤란하다. 성토도 마찬가지로 많은 성토는 문제가 따
른다. 이러한 곳의 완성은 거의 불가능하다. 땅속의 지표면을 인간
이 다스릴 수는 없기 때문이다. 따라서 건축의 첫째 조건은 평탄이

다. 즉 배산임수로 된 곳의 평탄지 찾기가 우선이다. 평탄이 아닌 경사지는 백년지대계(百年之大計)가 무너진다. 매년 지출되는 관리비는 말할뿐더러 시간 개념도 무한정이다. 그리고 세월이 흐르면 뜯어야 한다. 이러한 문제가 보리암의 사찰 건물에서 보여준다. 기회가 된다면 규모가 큰 건물이 대세(大世)가 아니라 금산각처럼 작은 건물이라도 평탄지를 찾아서 짓는 지혜가 되어야 할 것이다. 즉, 능선이 있는 곳에 경사지가 아니라 평탄을 이루어진 곳을 찾아서 건물을 짓는 아름다움이 있어야 한다. 결코 큰 것이 아니라 '작은 것이 아름답다'란 문구가 새삼 이곳 보리암의 숙제가 아닐까 한다.

남해 부소암

부소암(扶蘇庵)은 경상남도 남해군 상주면 보리암로 693번지에 있으며 보리암을 지나야 당도하는 곳이다. 산 정상이지만 멀리 남해의 바다가 보인다. 부소는 진시왕의 아들로 추정되기도 한다는 설이 있다. 부소암(扶蘇岩)의 큰 바위 아래 위치한 암자가 부소암(扶蘇庵)으로 아주 작은 절이며 그 모양이 사람의 뇌(腦)와 아주 유사하게 생긴 대형의 바위다. 이러한 규모의 바위를 필자도 처음 본다. 신기하고 괴상한 형태의 바위로 경이로운 위엄이 있는 돌이다. 규모 면으로 보면 3칸으로 된 전라남도 해남군의 도솔봉 주변의 도솔암과 아주 유사한 사찰로 '작은 것이 아름답다'의 대명사로 불릴 정도로 아름답고 작다. 이곳에 방문코자 하였으나 사찰의 공사로 인해 대문 앞에서 돌아간 곳으로 정확히 볼 수 없었지만, 먼발치 또는 건너 쪽의 언덕에서 살핀 곳이다. 후에 재차 방문의 기회가 있기를 기대해 본다. 사람이 다니는 길도 토끼길이지만 소형 포클레인이 작업을 하고 있다. 헬기를 동원하여 운반된 소형 포클레인이다. 배가 산으로 간다는 말이 믿기지 않지만 산의 바위틈 속에서의 포클레인이 작업 중이다.

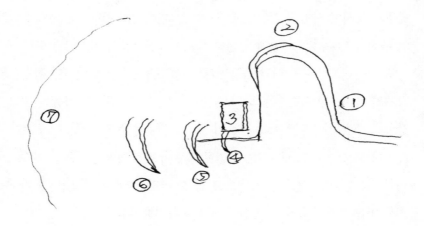

〈그림21〉 부소암의 견취도

〈그림21〉 부소암의 견취도에서 ①은 부소암의 올라가는 산이며 ②는 부소암의 정상이며 ③은 암자이다. ④는 우선하는 첫째 마무리이며 ⑤는 두 번째 ⑥은 세 번째로 마무리된 암석들이다. ⑦은 남해의 멀리 보이는 해안이다. ⑥의 하단부는 마무리가 되어 급격한 낭떠러지로 보는 것 자체가 어지러워 잘 볼 수 없는 지형이다.

1) 혈장의 유무

부소암은 양택이다. 양택은 배산임수를 논하는 것이 첫 번째이다. 말 그대로 배산이 된다. 올라가는 산과 내려가는 산의 경사도 볼 수 있는 곳으로 풍수지리적인 연구를 할 수 있는 곳으로는 제격이다. 배산이 되어 자연적으로 임수가 된다. 절벽이 시작되는 〈그림21〉의 ④ 와 ⑤와 ⑥에서 보는 바와 같이 그 아래는 절벽이다. 절벽은 기운의 멈춤과 동시에 사찰의 앞마당에서 나가는 물이 임수이다. 이러한 것이 배산과 임수다. 두 번째인 전저후고는 자연스럽게 이루어지며 담으로 되어 있다. 다만 사람이 들어가는 출입구는 우측에 있지만 접근 자체가 불가능한 다른 곳으로의 접근성은 없다. 본 건물의 앞에는 화장실로 추정되는 낮고 작은 건물이 있고, 지금 증축되는 건물이 있는데 이곳으로 물이 가게 된다. 이러한 조건이 전착이며 전조이며 임수이다. 양택 3요는 건물의 증축으로 볼 수 없다. 다시 한번 방문할 기회를 마련하여 증축 이후의 현지 상황을 확인해야겠다.

2) 자연향

향은 아주 자연스럽다. 자연향으로 앞을 보고 있는 곳인데 배산을 뒤로하고 앞이 임수가 되는 자연스러운 조건의 자연향으로 좋다.

3) 청룡 백호가 있나?

높은 곳으로 4신의 개념이 없다. 또한 있다손 치더라도 암자를 도울 그러한 산은 존재하지 않는다. 다만 추운 날 한쪽에서나마 바람을 막아 줄 방풍의 벽이 설치된다면 하는 생각이 이를 방어할 수는 있겠다는 생각이다. 따라서 청룡과 백호는 의미가 없는 그러한 곳이다.

4) 깍개등

보기 좋은 깍개등이 있다. 능선을 타고 마무리를 한 곳에 위치한 사찰로 맥선의 마지막이 된 곳이다. 한번 다녀가면 좋을 듯한 곳으로 생각하는 그러한 곳이 이곳 부소의 암자다.

5) 문제점과 개선

사람이 살 만한 곳이다. 전기와 물이 보인다. 먼 곳에서 전해진 전기와 물이지만 공급이 된다는 자체가 경이롭다. 현대적인 과학과 기술이 동원된 곳으로 참으로 '대단하다'란 평가가 어울린다. 하물며 미니 포클레인이 헬기로 운반되어 작업한 것으로도 알려진 곳으로 유명세이다. 포클레인 자체로는 도달할 수 없는 곳인데도 불구하고 건물이 지어졌다는 사실이 상상 이상이었던 곳이다.

6장

적멸보궁의 기능

시묘살이

적멸보궁이 사리함을 보고 있다. 적멸보궁이 사리함을 앙시(仰視)로 항상 우러러보고 있다는 사실이다. 귀한 사리를 관리하고 봉양하는 시묘살이 용도로 적멸보궁을 건축했다고 본다.

위계질서

5대 적멸보궁이 사리함을 모시고 있듯 아래에 위치한다. 사리탑이나 사리함보다 적멸보궁이 낮은 곳에 있다.

혈

혈은 속리산 봉정암, 오대산 상원사의 중대가 혈이며 봉정암은 사리탑이, 중대는 적멸보궁이 자리로 분석된다. 영월 법흥사는 측면으로 비혈지에, 정선 정암사도 비혈지에 위치하므로 자리가 아니다. 혈이 되는 것을 세부적으로 보면 봉정암은 사리탑 뒤편 절하는 곳이 혈증이다. 전순에 해당하는 관성에 사리탑의 설치로 혈의 자리는 비어 있다. 즉, 혈장의 범주 속에는 설치되어 있으나 혈 자리가 비어 있다는 말이다. 이러한 경우는 혈 자리에 신도들의 기도를 하는 공간이 되므로 배려(配慮)의 의미가 있다. 상원사의 중대에는 적멸보궁이 혈 자리에 들어가 있다. 하지만 건물이 혈의 크기에 비해 너무 크다.

양산 통도사는 적멸보궁이 양택으로 배산임수의 원칙이 된다. 이러한 논리로 볼 때 봉정암은 신도들을 위한 공간으로, 상원사 중대도 적멸보궁의 건물 속 중심에는 신도들을 위한 기도 공간으로 명당이다. 통도사는 적멸보궁이 양택상 배산임수로 좋은 곳이다.

적멸보지

봉정암의 혈은 적멸보궁이 아니라 적멸보지(寂滅寶址)인 사리탑이다. 사리탑은 관성에 위치하고 혈에는 기도처로 되어 있다. 다만 역(逆)으로 기도해야 하는 곳이 된다. 봉정암의 적멸보지는 사(死)자를 위한 것이 아니라 생(生)자를 위한 자리다. 혈장의 일부인 관성에 사리탑이 있다. 혈에는 아무 시설도 되어 있지 않아 비어 있는 상태다. 이는 살아 있는 사람에게 절(기도)을 할 수 있도록 배려한 것으로 이해되며 온전히 생자를 위한 자리이다. 8대 적멸보궁 중에서 유일하게 비어 있는 혈이다. 하물며 사찰에 가면 산(上)을 보고 기도를 하거나 북쪽을 보는 의미로 절을 하는 것이 일반적인데 이곳은 아래(下)에 설치된 탑을 보고 기도를 한다. 일반적인 상식으로 이해가 되지 않는 아주 묘한 기도처로 평가된다. 조금은 불완전한 기도 방법이지만 아무튼 생자를 위한 기도처로는 유일하다.

명산(名山)의 명당(明堂)

'명산에 명당 없다'란 풍수 용어가 있다. 적멸보궁이 있는 곳은 유명산이다. 이러함에도 불구하고 혈이 존재한다. 명산에 명당이 있다. 풍수 용어가 오판이다. 명산에 명당이 없다는 말이 임의로 사용되어서는 곤란한 곳으로 봉정과 중대가 유일하다.

간룡(幹龍)의 혈

봉정암과 상원사의 적멸보궁은 간룡이다. 간룡에는 혈이 없고 지룡에 혈이 있다고 하는데 이 말도 빈말이다. 간룡에 혈이 존재한다.

5대 적멸보궁은 천혈

일반적으로 혈은 지혈에서 많이 탄생하는 데에 비해 아주 높은 곳인 천혈에 존재하고 있다. 해발고 1,000m 이상에 혈이 있다. 간룡천혈 등과 관련이 있지만 해발고가 높다는 특징이 있다. 높은 곳에서도 혈은 생성된다. 다만 양산 통도사는 야지에 있어 예외다.

기도의 원칙 상좌하향

기도하는 사람은 상좌하향(上坐下向)이 원칙이다. 이에 비해 제사는 하좌상향(下坐上向)이다. 그런데 사찰에서 부처님에게 기도하는 예법과 기도처에서 본인 스스로 기도하는 법은 다를 것이다. 상향은 짧은 시간에 이루어지는 것이 통상이다. 이에 비해 혼자서 하는 기도는 장시간이다. 상좌와 하좌가 상호 대립되고 마찰된다. 같은 적멸보궁의 사찰이지만 상원사의 적멸보궁과 봉정암의 적멸보탑은 상향과 하향의 차이가 나는 곳으로 상호 비교된다. 양쪽의 기도 방법이 다르기 때문이다. 상원사의 보궁은 상향이며 봉정암의 적멸보탑은 하향이다. 이에 대한 필자의 견해는 봉정암의 적멸보탑이 올바르다고 본다. 본인을 위한 기도처가 이곳이며 이에 비해 상원사는 본인을 위한 기도 방법이 아니다. 보궁이 기운을 받기 위한 방법으로 설치되어 있는 상향이기 때문으로 차이점이 나는 기도 방법이다. 통도사도 상원사와 같은 상향의 기도처가 된다. 어떻게 나의 기운에 영향을 주는지가 풍수 혈의 답이 아닌가 한다.

식물에 가까운 혈

재미있는 논리가 있다. 혈은 동물이나 식물로 치환(置換)한다면 식물에 가깝다. 먼저 혈은 식물처럼 움직일 수가 없다. 식물은 고정되어 있는데 동물은 자유자재로 움직인다. 두 번째는 광합성(光合成) 작용을 한다. 영양을 섭취하기 위한 수단이다. 즉, 빛이 있어야 영양이 만들어지듯 혈도 기운이 저장되어야 값어치가 달성된다. 세 번째로 식물은 식이 섬유로 지지 조직이 있다. 혈도 마찬가지로 주변 혈증의 도움(전순, 선익, 입수)으로 지탱된다. 네 번째 혈이 자연에 있고, 식물의 대부분 산에 산다. 설악산 봉정암, 오대산 상원사, 사자산 법흥사, 태백산 정암사, 양산 통도사가 대자연의 산속에 있다. 이와 같은 이유로 혈은 동물보다 식물에 더 가깝다. 사리든, 사람이든 무덤 속에 있는 실체는 식물이 아니다. 너무 비약적인 말이 될 수 있다. 하지만 음양의 논리로 해석하는 차원에서도 일리가 있다. 물론 조금은 비상식적인 논리인 것 같지만, 이해가 된다. 한번 머리 아픈 생각을 잠시 내려놓는 기회가 되었으면 좋겠다.

7장

혈과 집의 차이

중대 적멸보궁과 양산 통도사의 적멸보궁의 공통점은 집인 건물이다. 하지만 이 두 건물은 극명하게 차이 난다. 중대의 적멸보궁은 건물이지만 혈로 분석되고, 통도사의 적멸보궁은 혈이 아닌 건물 3간법에 의해 만들어진 것으로 같은 건축물이지만 상호 구분된다. 즉 혈은 음택에서 상용하는 것이 목적이 되지만, 건물은 양택 3간법과 양택 3요에 의한 방법으로 사람이 만드는 것으로 많은 차이가 난다. 혈(穴)은 구덩이나 구멍으로 땅 속이 되지만, 건물은 지상에 있는 것으로 상호 다른 측면이 아주 강하다.

〈표4〉 혈과 건물의 비교

구분	혈	건물	비고
땅	지하	지표	
용도	묘지	집	
크기	작다	크다	
면적	소면적	대면적	
기운	혈증	사람	
중요도	혈 구조체	배산임수와 안방	

오대산 중대 적멸보궁

오대산 중대의 적멸보궁은 혈이다. 혈증으로 구분된다는 의미다. 1관인 j부터 시작하여 10관인 장사로 확인된다. 혈증이 있다는 증거다. 적멸보궁의 건물에서 향을 바라보면 왼손에 의한 'j' 자가 선명하다. 분명한 윤곽이 이를 말해 준다. 이러한 형태는 용맥이 전진하지 못하는 증거로 멈춤이 있다는 것이다. 이게 오대산 중대의 적멸보궁의 최우선적인 혈증이다. 이러한 형태가 다른 곳과의 차이점이다.

양산 통도사 적멸보궁

양산 통도사의 적멸보궁은 오대산 중대의 적멸보궁과는 비교된다. 가장 큰 이유는 혈증의 부재다. 많은 훼손으로 혈증의 여부를 분간하기 어렵고 주변 환경이 오대산 중대의 적멸보궁과는 다르다. 첫 번째가 맥의 마지막에 위치하며, 두 번째가 평탄지다. 세 번째는 상로전의 집들이 뭉쳐 있다는 것이다. 크게 보면 이러한 3가지 차이가 난다. 따라서 혈증이 보이지 않을 뿐만 아니라 혈증이 있었다 하더라도 많은 훼손으로 없어진 결과가 된다. 이러한 특징이 있지만, 3간법의 논리로 보면 그에 따른 논리가 많이 있는 곳이다.

차이점과 공통점

이들 2곳의 적멸보궁을 분석하면 이해가 될 것이다. 혈증의 여부, 3간법의 적용, 양택 3요, 산과 평야를 기준으로 분석하면 될 것이다.

〈표5〉 중대와 통도사 적멸보궁의 비교

구분	오대산 중대 적멸보궁	양산 통도사 적멸보궁	비고
방법	혈증	건물의 3간법	
입지	산중	야지	
기준	j 형태	배산임수	
맥	대간	지간	

8장

문제와 해결 방안

8대 적멸보궁에 대하여 혈증을 분석한바 미비점이 있어 개선되어야 하므로 이에 관한 내용을 언급한다.

설악산 봉정암 적멸보궁

봉정암에서는 진입로가 문제다. 사리탑이 혈 자리로 선룡이 좌선이다. 출입로가 좌선익과 겹친다. 많은 인파로 혈장 주변이 훼손되고 흙이 없어 맥만 존재해 있다. 이러한 차원에서 진입로의 변경이 촉구된다. 봉정암을 오르는 힘에 비추어 보면 진입로의 변경은 그렇게 어렵지 않다. 전순이 있는 관성 앞으로의 진입로 변경이다. 이렇게 해야만 더 이상의 훼손이 방지된다. 그렇게 어려운 일(事)이 아니다. 조속한 시일 내 진입로의 변경이 되었으면 한다. 적멸보궁에 대한 혈의 여부는 관계가 없다. 혈은 하나만 존재하면 해결되기 때문이다.

오대산 상원사 중대 적멸보궁

이곳 역시 진입로의 문제가 대두된다. 선룡이 좌선인데 지금의 진입로 역시 좌선 쪽으로 들어가게 되어 있다. j자 전순 앞으로 진입로를 돌려 작은 건물이 있는 곳으로 올라가도록 하는 배려가 되어야 하겠다.

두 번째는 적멸보궁의 크기다. 혈은 작은데 건물이 너무 크다. 기회가 된다면 건물을 줄이는 방법이 좋을 듯하다. 혈은 크기가 있는데 아무리 커도 1평 내외다. 이를 참고하여 아주 조그마한 건물이 제격임을 이해해 주면 좋을 것이다. 큰 것이 반드시 좋은 것은 아니기 때문이다. 본말이 전도되면 곤란하다.

영월 법흥사 적멸보궁

사리가 존치된 곳과 적멸보궁 두 곳 모두 혈이 아니다. 사리가 있는 곳은 움직일 수가 없을 것이다. 혈 자리를 찾아 작은 건물로 신축이 되었으면 한다. 먼 장래를 위해 새로운 적멸보궁의 바른 혈 자리에 건축하는 노력이 되었으면 하는 아쉬움이 남는다. 지금 봉정암은 적멸보궁을 신축해 사용하고 있다. 참고가 될 만하다.

정선 정암사 적멸보궁

정암사 역시 두 곳 모두 혈이 없다. 앞에서 언급한 것처럼 적멸보궁의 신축이 요망된다. 좋은 혈 자리를 찾아 작은 건물의 신축이 필요하다. 이런 방법이야말로 다른 적멸보궁의 역량에 버금가는 지름길이 될 수 있을 것이다.

양산 통도사 적멸보궁

금강계단 뒤편의 입혈맥이 유실되었다는 사실이다. 맥이 없으면 물길이 흩어진다. 기운이 입혈맥을 통과할 시 올바르게 되지 못해 피해가 예상된다. 이를 위해서는 지금이라도 입혈맥 부분에 대해서는 볼록(凸)하게 복토를 해 주는 것이 현명하다. 그냥 지나친다면 시간이 지남에 따라 입혈맥의 손상은 확대될 것이다. 기운이 정상적으로 전달되도록 하는 노력이 필요하다.

구미 도리사 적멸보궁

도리사의 적멸보궁은 급경사이다. 급한 경사는 위험하여 안정감이 떨어진다. 요즈음 같이 많은 시우량이 되거나 하면 산사태의 위험이 나타난다. 마지막 진입로에서는 더욱 급한 경사로다. 이를 완만하게 하는 방법은 없다. 더 이상의 건축은 위험성을 높이는 결과의 예상이다. 건축의 예상은 하단부로 내려와야 할 것이다. 이렇게 해야만 보는 이로 하여금 안전성이 담보될 것이다. 필자도 2~3차례 다녀간 적이 있다. 하지만 갈 적마다 위험의 느낌이 든다. 다만 맥선의 기울기를 감안한 건축이 되어야 할 것이다.

대구 용연사 적멸보궁

용연사의 적멸보궁은 혈이 아니다. 사면의 외측에 건축된 적멸보궁으로 맥의 기운이 없는 곳이다. 이러한 경우에는 봉정암의 사리탑 앞에 절을 하는 광장처럼 기도를 올리는 터를 찾아 신도들이나 스님들의 기도처가 되어야 할 것이다. 봉정암의 적멸보궁은 법당을 옮겨 짓고 있다. 이처럼 새로운 혈자리를 찾아 조그만 법당을 짓는 방법과 혈자리의 터만을 찾아 기도를 올리는 방법이 있을 것이다. 즉, 2가지의 제안으로 혈을 찾아 신 적멸보궁에 건물을 짓는 방법과 혈자리만 찾아 기도를 올리는 방법이 있으므로 선택의 여지가 남는다.

고성 건봉사 적멸보궁

고성 건봉사도 용연사와 마찬가지로 맥선의 외측에 자리한 것으로 혈이 아니다. 새로운 혈자리를 찾아 적멸보궁을 짓는 방법과 혈자리를 찾아 기도를 올리는 방법의 2가지가 있다. 터를 찾아 기도를 올리는 방법은 봉정암 사리탑 앞의 광장처럼 하면 된다. 혈을 찾아 새로운 적멸보궁을 한 건축이 봉정암의 신 적멸보궁이다. 이러한 방법이야말로 사찰 자체의 기운과 신도들의 건강과 행복을 증대시키고 배가가 될 것이다.

9장

집과 묘지의 괴리

혈은 혈증으로 다스린다. 혈 외 4신사, 용과 물, 수맥, 기맥, 신
론 등 비상식적인 여러 가지 이론으로는 결정이 되지 않는다. 혈증만
으로 혈이 판결된다. 그렇다고 한다면 혈의 뜻이 궁금하다. 혈(穴)의
뜻은 여럿으로 혈 구덩, 구멍, 동굴, 움집 등으로 되어 있는 뜻이다.
이들 전체의 의미는 지표면 아래를 의미한다. 즉, 지하(地下)를 표현
하는 내용이 주류다. 그렇다면 지표면의 윗부분은 아니다. 지표의
상인 지상(地上)은 상기의 개념에서 벗어난다. 즉, 땅을 판 그 아래를
의미하는 것이 강하다. 집인 움집도 그러한 의미이고, 묘지도 지하
를 의미하는 것이 강하다. 이러한 의미를 강조하는 이유는 혈이라는
것을 집과 묘지의 관계로 놓고 보면 이해가 될 것이다.

혈은 묘지일까? 집일까?

사람이 살다가 죽으면 땅을 파고 지하에 묻는다. 사람은 살아생전

에 대부분 지상에 집을 짓고 살아간다. 혈을 찾아 집을 짓는다면 지상이 된다. 묘지는 지하다. 혈의 존재가 좀 다양하고 괴상하고 이상하다. 혈이라는 가정하에 집은 지상에, 묘지는 지하에 사용한다면 무슨 장난인지 황당하다. 이것이 혈의 괴리다. 적멸보궁이 그러한 존재다. 혈이라는 가정하에 적멸보궁의 위치가 지상인지, 지하가 올바른 것인지에 대한 풍수지리나, 혈, 혈증의 이론 정립이 확연히 요구된다.

혈은 어떻게 해야 할까?

적멸보궁에 집을 짓는다면 어떻게 하여야 하는가에 대한 결론이 될 것이다. 움집이나 토굴이 답이다. 어차피 혈에 대한 값어치를 다룬다는 견지에서 본다면 일반적인 건축물은 아니다. 기운을 받기 위한 목적이 강하기 때문에 그렇게 하는 것이 올바른 지름길일 것이다. 혈의 크기를 감안하는 면적의 움집이나 토굴로 만들어야만 올바른 기운을 받을 것이다. 그렇게 한다면 진정으로 소기의 목적이 달성될 것이다.

불국사와 제2 석굴암과 같은 호빗집(기도처)

일단 혈을 생각하지 말고 사찰에서 찾는다면 경주 불국사의 석굴암이 될 것이다. 석굴은 말 그대로 굴을 파서 기도를 하는 기도처로 토굴이다. 이러한 예시는 대구광역시 군위군 부계면에 있는 제2 석굴 암에서도 나타난다. 이곳 역시 석굴로 된 토굴이다. 이외에도 토굴로 된 사찰이 많을 것이다. 다만 혈의 여부는 다른 측에서 밝혀야 할 것이다. 이처럼 혈은 지하에 설치하여야 함에도 지상에 있는 건축물은 문제 될 것이다.

괴리에 대한 풍수인의 생각

먼저 혈의 이해가 선행되어야 할 것이다. 아무리 강조해도 혈을 모르면 풍수인이 아니다. 모르면 배워야 하고 알면 올바르게 써먹어야 한다. 체(体)가 아니라 용(用)이기 때문이다. 음택은 한물갔다고 풍수인 스스로 말하곤 하지만 풍수의 요체는 혈이다. 청룡과 백호를 설(說)하면서 혈을 설명하지 않는다면, 못한다면 그것이 어떻게 청룡과 백호가 된단 말인가? 묘한 의문이 아닐 수가 없다. 두 번째가 수지(首知)가 아니라 수지(首智)다. 지식(知識)이 아니라 지식(智識)이 들어가야 혈이 자연스럽게 활용할 수 있을 것이다. 풍수지리를 아무리 많이 알고 있다 하더라도 지혜가 있어야 한다. 지혜가 들어가는 학문이 되어야 혈이 올바르게 활용될 것이다.

집과 묘지의 혼용

혈이 되면 묘지를 사용해야 할 것인지, 아니면 집을 지어도 되는지에 대한 분명한 해답이 없다. 혈이 되어도 그만, 되지 않아도 그만인 것이 요즈음 풍수 세상의 시장이다. 필자가 맞이한 대부분의 풍수인들 생각이다. 혈이 되면 된다는 식이다. 이러하니 적멸보궁의 문제점이나 해결책이 잘 보이지 않는 게 당연한 눈치다. 거창하게 말하는 것처럼 보이지만 필자는 지금도 연구하고 공부 중이다. 올바른 배움에 목말라하지만 바르게 대답해 주는 풍수지리인이 부족하다는 것을 여러 차례 보아 왔고, 지금도 본다. 하물며 40년, 50년 공부한 풍수인의 답변이다. 고려, 조선을 지나 지금까지 혈 자리를 찾았다고 하는데 요즈음 혈이 어디 있느냐고 말하는 이가 대부분이다. 따라서 필자의 생각은 단호하다. 혈이 있다면 묘지만 된다. 땅을 파고 아주 작게 움집이나 토굴을 짓는 정도의 혈거(穴居)는 가능하다고 주장한다. 혈거는 말 그대로 혈에 거주하는 곳을 의미하듯, 혈이 아니면 의미가 없을 것이다. 혈거는 신석기 시대에 존재해서 지금도 강원도에서는 관리를 하고 있다.[1] 이러한 형태가 아니면 집은 불가능하다. 대궐(大闕) 같은 대형의 집은 의미가 없을뿐더러 필자가 주장하는 배산임수 등에 의한 방법으로 가능할 뿐이다. 규모가 1평 미만의 혈에는 영원히 묘지인 음택만 가능하기 때문이다. 집으로서 가능한 것도 있다.

---

1 강원도 기념물로 지정되어 관리되고 있다. 한림대학교 부지 조성으로 우연히 발견된 신석기 말기의 주거지로 되어 있다.

움집이나 호빗집[2]이 바로 이들이다. 이러한 방법으로 한다면 적멸보궁에도 토굴이나 움집의 혈거가 타당하다. 조그만 토굴이나 움막이 아니라 혈에다 큰 집을 지으면 혈증이 일그러진다. 그렇게 된다면 혈은 깨어지고 망가지므로 기운에 대한 의미가 퇴색되는 것, 또한 뻔하다. 이러한 현상은 기운이나 혈증의 의미가 옅어지므로 지양하는 것이 맞다. 혈을 대상으로 하는 풍수지리인의 입장에서 보면 이처럼 혈을 무시하는 대형의 건축물은 설 자리를 잃어버릴 것이다. 혈에다 건물을 짓는다는 계획은 의미가 전연 없으므로 이를 이해하는 풍수지리인들은 올바른 해석이 되어야 비로소 어설픈 혈의 상식에서 벗어날 것이다. 큰 것이 좋은 것이 아니라 작은 것이 아름답다는 의미가 새롭게 나타날 것이다.

2   제주도의 건물 형태로 용도가 창고인지, 주거인지는 구체적이지는 않지만 규모가 크지는 않다. 다만 높이의 절반은 지하로, 절반은 상부에 있다. 마치 토굴인양 존치해 있어 참고될 만하다.

10장

적멸보궁의
위치와 방향

기도나 예는 내용상이나 위치상에 문제가 있다. 절하는 방법이 다들 다르다. 봉정암 적멸보궁의 보탑에는 절하는 사람의 위치가 위(上)에서 아래를 보고 한다. 그 나머지 4대 적멸보궁에서는 위를 보고 한다. 이처럼 적멸보궁이란 지형지물은 같은데 보는 방법의 차이는 앙부(仰俯)적인 반대 논리다.

아래로 보는 곳

5대 적멸보궁 중에서 유일한 곳이 봉정암 적멸보궁의 사리탑이다. 사리탑에는 혈이 있다. 탑의 위치가 전순에 있는 관성에 설치되므로 자연스럽게 아래를 보고 기도를 한다. 즉, 탑을 보고 절을 하므로 자연스럽다. 대부분의 신도들이 이렇게 한다. 아니 전부가 다 아래를 보고 기도하는 부안(俯眼)이다. 부안은 편안한 마음이다. 이를 보는 사람도 아주 자연스럽게 보이는 것이 현실이다. 이곳의 사리탑이 유명한 이유와 한 측면이기도 하다.

위로 보는 곳

오대산 상원사, 영월 법흥사, 정선 정암사, 대구 용연사, 고성 건봉사는 사리탑을 보고 기도한다. 즉, 앙안(仰眼)의 방법으로 한다. 위를 보고 절을 하니 오히려 자연스럽다고 신도들은 말한다. 이곳에서 절하고 기도하는 방법이 올바른 것인지에 대한 의문이다. 깊이 생각하여야 할 앙부가 된다. 적멸보궁의 집을 짓는 상하(上下)의 방법이 올바르게 되어야 신도들의 만족도(滿足度)도 높아질 것이다.

정시

양산 통도사의 적멸보궁과 사리탑, 구미 도리사의 적멸보궁과 사리탑은 정시로 수평이다. 적멸보궁은 현재의 사람들이 활용하는 공간이다. 사리탑은 오래됐다. 신구(新舊)가 동행하는 의미가 있다. 동등한 의미가 있는 사찰이다.

기운

죽은 사람은 무덤에 들어간다. 위치가 높은 곳에는 머리가, 낮은 곳에는 발이 놓인다. 아주 자연스럽게 위치가 고정된다. 산 사람은 어떤가? 같은 논리로 당연지사다. 잠을 잘 때 머리는 높은 곳으로, 발은 낮은 곳으로 해서 잠을 청한다. 이게 순수한 의미의 진리가 아닐까? 그런데 기도를 하는 경우는 거꾸로 한다. 아니 건물을 그렇게 지어 놓으니 신도들은 그렇게 하는 도리밖에 없는 구조다. 특히나 기를 연구하는 학자나 풍수 지관, 지사는 생각이 없는 듯하다. 무감각한 모습이 역력하다. 혈이 되는 묘지는 후손들의 기운을 기다린다. 예를 갖춘 후손들은 아주 짧은 시간이 주어진다. 이에 비해 집은 어떤가? 산사람이 이사 가지 않으면 한평생 한 곳에서 생활(生活)한다. 그런데 머리가 아래로, 발이 위로 가게 하여 잠을 잔다면 어떻게 되는지는 의문이다. 부자연스럽지 않을까 하는 생각이 들게 될 것이다. 죽은 사람이나 산 사람의 머리는 위로, 발은 아래로 하여 눕거나 앉거나 잠을 자야 올바른 생활이 될 것이다.

이의 제기

풍수인 누구도 이러한 앙부에 대한 문제를 제기한 사람이 없는 듯하다. 엄청난 문제가 있는데도 불구하고 누구 하나 의문을 펼치는 사람이 없다. 반드시 고쳐서 올바른 풍수관이 정립되어야 할 것이다.

앞에서 언급한 것처럼 생자든 사자든 위로는 머리가, 아래에는 발이 놓이게 하여야 할 것이다. 기도자는 그렇게 하여야만 올바른 기도나 기운을 받을 것이다. 마치 설악산 봉정암의 적멸보탑처럼 생자를 위한 기도 방법이 되어야 할 것이다.

개선 방안

적멸보궁은 산 자를 위한 건축이 되어야 할 것이다. 부처를 위한 공간이 아니라 기도를 하는 사람의 입장에 서서 건축이 이루어져야만 바른 기운을 받을 수 있을 것이다. 혈을 기준으로 한 건축이 되어야 한다는 말이다. 부처를 위한 공간이 되어야 하는지, 아니면 기운을 받는 사람의 입장에서 건축이 되어야 하는지를 이해하고 지어야 올바르면서도 긍정적인 방법이 아닐까 한다.

View-point에 의한 절하는 자리 찾기

혈이 되는 자리를 찾아 그곳에서 기운을 받고자 한다면 이에 대한 적절한 대책이 아닐까 한다. 혈 자리에다 적멸보궁을 짓거나, 아니면 혈증이 나타나는 그곳을 자연 그대로 기도를 하는 곳으로 인식하게 하는 방법이 있다. 건물을 크지 않게 짓거나, 또는 자연 그대로 두면서 기도를 하는 사람으로 하여금 기운을 받을 수 있도록 하는 방법이다. 다만 바라보는 곳이 보탑이 되어야 한다는 전제 조건이다. 그 대상이 4곳의 적멸보궁이다. 설악산 봉정암의 적멸보궁도 점차적으로 증혈(增穴)하면 좋을 것으로 이해된다. 보탑이 보이는 곳을 대상으로 한 혈 자리 찾기다. 건물을 짓지 않는다면 결코 돈이 들어가는 낭비는 줄어들 것이다. 조그마한 입간판 하나만 세우면 만사 해결이 될 것이다. 이 자리는 혈증으로 이루어진 자리라는 설명과 함께, 기운이 상승한다는 논리의 기복적인 의미가 들어가는 비교적 긴 설명의 입간판이 되어야 할 것이다. 즉, 혈 자리의 특징과 기운의 논리를 설명함으로써 효과적인 기복의 당연성을 설명하는 것이다. 이러한 방법이야말로 돈 한 푼 들이지 않으면서도 효율성이나 효과적인 면에서는 어떠한 방법보다 나을 것이다. 다만 하나의 문제는 사리가 묻힌 곳을 아래로 보아야만 한다는 것이다. 상으로 보는 것이 아니라 자연스러운 방향의 부안이 되어야 한다는 대원칙이 있다는 것을 이해해야 할 것이다. 필자는 오대산 상원사의 경우 적멸보궁의 앞부분인 곳(ʃ 자로 좌선해서 돌아 나가는 곳)에 부처의 진산 사리가 묻혀 있다면 그곳을 보고 기도를 올려야 올바른 방향의 기도처가 된다고 본다. 이러한 방법으로 다른 곳의 적멸보궁에도 적절한 방법의 혈이 필요로 할 것이다.

자리 선점자의 고뇌

적멸보궁의 구성은 3가지로 압축된다. 그들은 건물인 적멸보궁과

터인 적멸보지와 적멸보탑으로 구성된다. 이들 3가지는 신라의 거인인 자장율사에 의해 건축되거나 건조되었다. 농담이지만 자장은 사람이다. 자리를 잡아 건조하거나 건축한 장본인으로 혈에 관한 논의는 논외로 잡아 두고자 한다. 다만 짚고 넘어가야만 하는 부분이 있다. 그것은 다름이 아니라 첫째는 사리와 정골의 사찰을 위한 것인지에 대한 문제이며 두 번째는 그곳을 찾아가서 기도를 올리는 신도들을 위한 것인지의 문제다. 적멸보궁 등이 사리와 정골을 위한 것과 사찰을 방문하여 기도와 기복을 바라는 신도를 위한 것인지에 대한 문제는 확연한 차이점이 있기 때문이다. 이는 기운의 문제로 대두된다. 전자를 위한 적멸보궁이라는 문제와 신도를 위한 문제가 구분되어야만 한다. 혈에 대한 적용상의 실용 문제가 다르기 때문이다. 첫 번째의 주장에 의한다면[1] 오대산 상원사의 적멸보궁, 양산 통도사 적멸보궁 등의 배치는 올바르다고 본다. 두 번째의 주장인 신도들을 위한 배치 방법은 설악산 적멸보탑의 설치가 올바르다고 본다. 이처럼 건물 등의 배치는 상호 목적에 따라 혈에 대한 의미가 달라진다. 따라서 필자의 주장은 후자다. 사찰은 신도들을 위해서 구성된 것이 대부분이다. 그렇다면 설악산 봉정암의 사리탑 설치는 올바르다. 필자가 주장하는 혈증의 6악인 전순과 3성의 하나인 관성에 위치함으로써 신도들이 자연스럽게 아래를 보고 기도를 한다. 극히 자연스러운 풍경이 된다. 이에 비해 오대산 상원사와 통도사의 적멸보궁은 상향이나 정면을 보고 기도 한다. 이러한 현상은 부자연스럽다. 5대 적멸

---

1 사리와 정골에 직접적인 관계가 있는 자.

보궁의 건조와 건축 등은 사람에 의해 이루어졌다. 따라서 앞으로 사찰에서의 건조물 등에 의한 건축은 혈에 대한 이해와 지혜가 들어가는 방법으로 이루어져야 할 것이다. 그래야만 신도가 기운을 받는 사찰이 될 것이며 일거양득(一擧兩得)이 아닌가?

11장

혈증 분석과
적멸보궁의 이해

이 책은 논문 형식을 취하지 않았다. 곧바로 결과가 나와야 덜 답답하고 지루하지 않기 때문이다. 그래서 결론을 빨리 도출하고자 한 것이다. 그들을 하나하나 언급해 이해가 되도록 했다. 후학도가 8대 적멸보궁을 혈증 위주로 연구할 수 있도록 최선을 다한 내용이다.

건물은 어디가 적절할까?

집필 목적 중 가장 비중이 큰 것이 혈과 혈증이다. 즉, 혈의 여부에 관한 결정이 혈증이다. 집인 적멸보궁이 혈인지, 아니면 적멸보지(寂滅寶址)[1]가 혈인지에 대한 구분이다. 봉정암에는 혈이 적멸보지에 있

---

1 적멸보지에 관한 소제는 필자가 작명했다. 5대 적멸보궁은 사리함이나 사리가 묻힌 터를 포함하여 일컬어지는 것으로 이해된다. 그러나 현장에 임하면 2가지로 엄연히 구분된다. 적멸보궁은 집으로, 사리탑 등은 '터'로 나누어져 있다. 이러함에도 불구하고 같이 불린다는 것에 동의하기가 어렵다. 다만 일

다. 오대산 상원사는 적멸보궁에 있다. 봉정암은 사리탑이 관성에 설치되므로 혈은 공지(空地)로 비어 있다. 양산 통도사는 적멸보궁이 배산임수로 이루어진 양택 자리다. 종축으로 지어진 건물로 황금 비율이 들어 있는 건물이다. 영월 법흥사는 외측에, 정선의 정암사는 비혈지에 각각 위치하기에 혈이 아니다.[2] 법흥사와 정암사는 혈을 찾아 크지 않는 새로운 건물(신 적멸보궁 또는 적멸보지)을 만들거나 찾아야 할 것이다.

와혈 명당과 배산임수

혈의 4상은 대단히 중요하다. 1항에서 언급한 것처럼 봉정암 사리탑, 상원사 중대 적멸보궁은 와혈이다. 봉정암은 정와와 천와로, 상원사는 변와와 천와로 평가되고 분석되는 와혈 명당이다. 통도사의 적멸보궁은 배산임수로 된 건물로 제격이다.

반적인 불교 용어나, 일반인들의 입장에서는 가능하다. 하지만 혈을 다루는 학인의 입장은 동의하기가 어렵다. 따라서 필자는 적멸보지(寂滅寶址)로 구분했다.

2 물론 4신사로 보는 풍수는 길한 것으로 판단할 수가 있으나 혈증으로 찾아보면 혈이 아니다. 이 부분은 논쟁의 대상이 된다. 더구나 혈증에 관한 연구는 필자의 논리대로 주장하는 바이다.

자장율사의 풍수관

혈의 시대적인 시류는 자장율사에 의해 창건된 것으로 보인다. 고려, 신라, 조선을 지나 지금까지의 풍수 흐름이 언제부터인가에 대한 의문이 적멸보궁에서 나타났다. 자장율사에 의한 작품이 이들이다. 풍수 혈의 연구는 지금까지도, 앞으로도 영구했고 영구할 것이다.

발복의 당사자는 누구일까?

사리를 매장한 적멸보지에 대한 발복은 사찰인가, 아니면 신도들인가, 아니면 스님들인가에 대한 의문이다. '터'에 매장된 사리라 할지라도 조건에 따라 달라질 것이다. 봉정암의 혈 자리는 비어 있다. 기도하는 사람이 혈에서 한다면 의미는 달라진다. 봉정암에 관계되는 스님도 적멸보궁의 건물 안이 아니라 사리탑의 혈에서 염불이나 기도를 올리면 불력이 커질 것이다. 오대산 상원사는 적멸보궁이 혈자리인 만큼 그 속에서 기도하는 사람이 사리의 매장과는 이해 관계 없이 기운이 상승할 것이다. 양산 통도사 적멸보궁은 배산임수로 궁내에서 기도하는 방법이 최선이다. 사리의 후손은 알 길이 없다. 하지만 발복의 개념을 차입하여 설명한다고 하여도 스님들의 내력과는 관련이 없다. 다만 신도들이 혈에서의 기도로 발길이 계속되면 지속적인 발전이 있으리라 생각된다.

상골하시(上骨下侍)의 이해

적멸보궁과 적멸보지에 대한 시선 효과다. 먼저 위계의 문제가 있
다. 사리를 모시는 곳은 적멸보지다. 적멸보궁은 이를 보고 관리해
야 하는 시묘(侍墓)의 관계로 유추된다. 시묘는 상골하시(上骨下侍)로
모시는 사람이 아래쪽 하부에 위치해야 한다는 원칙이다. 이러한 문
제가 위계의 순서다. 그렇다면 적멸보지는 높고 적멸보궁은 낮아야
한다. 실제로 적멸보궁의 건물은 사리를 봉양한 '터'보다 모두 낮거
나 같다. 따라서 모시는 방법은 상골하시(上骨下施)로 적멸보궁은 공
(共)이 같다.

적멸보궁의 품격

9수가 되는 곳은 오대산 상원사 중대와 봉정암 적멸보궁이 만점이
다. 통도사의 적멸보궁은 차 순위로 나타나고 있으나 집으로서 혈의
개념이 아니므로 평점을 다루는 것은 문제가 있다. 법흥사와 정암사
는 측산에 위치하므로 순위의 의미가 없다. 다만 혈을 찾아 적멸보궁
의 신축이 되어야 할 것이다. 따라서 뼈대만 되어 있는 봉정암보다는
육골이 원만한 상원사 중대가 으뜸으로 분석된다.

시묘살이와 적멸보궁의 변천

위계상의 문제로 앞의 항에서 말한 바와 같이 사리함보다 적멸보궁이 높이 올라갈 수가 없다는 의미는 시묘살이의 관계다. 사리를 봉양하고 관리하는 상황에서는 집이 필요할 것이다. 적멸보궁의 위치가 1,000m를 넘나드는 곳으로 겨울철 추위와 오지로 고행이 아닐 수 없다. 이를 해결하는 조건이 거처(居處)인 적멸보궁의 집이다. 집이 있어야 관리가 쉬울 것이다. 묘지 관리 방법이 시묘살이다. 시묘살이는 3년 정도 돌아가신 부모님을 봉양하는 제도다. 이를 응용하는 것이 시묘살이로 사리를 모실 적멸보궁이 아마도 이러한 것과 비교되는 것이리라 유추된다. 지금은 세월이 흘러 불교의 일반 신도들에게 개방의 여지가 되었을 것으로 이해된다.

좌선룡과 우선룡의 기운

혈이 되는 2곳에 관한 결과의 선룡이다. 봉정암, 상원사의 선룡은 좌선이다. 일반적으로 사찰은 우선룡으로 알려져 있다. 국은 규모가 큰 4신사로 된 경우다. 하지만 필자는 아주 작은 혈증으로 말한다. 선룡의 흐름이 좌선으로 돌아가는 좌선룡이다. 좌선은 연속적인 흐름을 암시한 것으로 언제까지인지는 몰라도 끝이 없을 것이다. 이상의 결과처럼 미흡한 법흥사와 정암사에 대해서는 새로운 적멸보궁에

대한 신축이 되어야 할 것이다.[3] 혈을 찾아 좋은 곳에 신축이 되어야
만 사찰의 발전뿐 아니라 신도들의 발전도 함께 이루어지리라 생각
된다.

상좌하향인지, 상향하지인지의 여부

전후좌우의 중심에는 사람이 있어야 하며 4신사의 중앙에도 사람
이 있다. 혈증의 중심이 혈이다. 기도하는 사람도 중심에 있는 것이
정상이다. 적멸보궁의 자리를 놓고 보면 이해가 엇갈린다. 상원사와
통도사는 하좌이다. 이에 비해 봉정암의 사리탑은 상좌이다. 어느
곳이 올바른지에 대한 해석은 없다. 그냥 기도하면 되는 것으로 이해
된다. 이게 현실적인 풍수의 현장이 적멸보궁이다.

정시의 관점

오대산 중대와 도리사의 적멸보궁과 사리탑은 수평이다. 수평은

---

3 사리탑이나 사리함의 이축은 곤란하다. 옮겨 봐야 기운의 개념은 떠났기 때
문이다. 그런데 적멸보궁은 다르다. 신도들이 그 속에서 기도를 올리는 공간
이 되므로 혈 자리로 이축해도 무방하다. 같은 5대 적멸보궁인 봉정암은 이축
했다(물론 혈은 아니다. 다만 사리탑이 혈이기 때문에 그 역할이 보완된다).
이처럼 이축을 한 선례가 있으므로 법흥사와 정암사는 기회가 된다면 구 법당
은 그대로 존치하면서 새로운 적멸보궁의 건물이 신축해도 좋을 것이다.

상하의 개념이 아니다. 신구(新舊)에 의한 대등한 관계로 상호 존중의 의미가 있다. 상하의 관계나 대립의 관계가 아니라 평등에 의한 사리(구)와 적멸보궁(신)의 사람들에 의한 정시에 의한 대등이다. 일반적인 적멸의 개념은 앞에서 언급한 바와 같이 상하의 개념이 강하지만 이 두 사찰에서는 수평적인 관계다.

기운에 대한 문제 제기

위에서 언급한 내용들의 대부분이 여기에 해당한다. 기운을 받고자 한다면 절을 하는 사람의 위치 문제다. 죽은 사람은 그 사람에 의해 후손들이 기운을 받는다고 하는 것이 풍수계의 공통된 의견이다. 집은 살아 있는 사람이 기운을 받는다고 하는 것이 풍수 상식이다. 죽은 사람의 묘지와 산 사람의 잠자리는 일치된 공통점이 있다. 둘 다 머리는 혈의 높은 곳에, 발은 낮은 곳에 위치하는 것이다. 이런 차원에서 놓고 볼 때 별 무리는 없다. 다만 사찰에서의 문제가 대두된다. 특히 적멸보궁이란 곳에서의 기도 차원에서의 문제가 예상된다. 기도하는 사람이 어떤 위치가 좋은가에 대한 문제 제기다. 잠시나마 기도를 하여 기운을 받지만, 위를 보고 기도를 해야 옳은지, 아니면 아래를 보고 기도를 해야 하는지에 대한 의견이다. 봉정암 사리탑과 그 나머지 적멸보궁 속에서의 기도이다. 봉정암 사리탑은 아래에 설치된 탑을 보고 기도를 올린다. 혈에서 탑을 보고 기도자가 기운을 받고자 기도를 한다. 이에 비해 다른 4곳의 기도는 위쪽을 보고 기도를 올린다. 어느 곳이 맞는가에 대한 물음이다.

구시대 인물의 풍수 혈증에 대한 이해도 측정

5대 적멸보궁의 창건주는 자장율사다. 8대 적멸보궁(용연사 제외)의 창건주는 아도화상으로 스님이 2인이다. 자장율사가 창건한 것은 봉정암 적멸보궁의 사리탑 앞, 오대산 상원사의 적멸보궁의 적멸보궁 자리가, 양산 통도사의 적멸보궁으로 3간법에서 풍수적인 혈 등의 혈증과 배산임수가 확인된다. 아도화상이 창건한 것은 도리사의 적멸보공과 사리탑, 세존사리탑 등에서 맥선에 의한 자리 배치를 간접적이나마 이해되는 바이다. 이러한 예시로 단정할 수는 없다고 하지만, 그렇다고 혈에 위치한 자리를 두고 우연의 일치라고 판단할 수도 없다. 따라서 그 시대인 신라에서도 풍수 혈이 살아 있다고 본다는 사실과 5대 적멸보궁과 8대 적멸보궁의 구분은 아주 자연스럽다. 5대 적멸보궁은 1인에 의한 적멸보궁이고, 8대 적멸보궁은 사람에 의한 구분이라고 보기보다는 '사리'라고 하는 공통점을 가진 것으로 적멸보궁을 창건한 스님들의 예라 할 수 있다.

마치는 글

이 책을 읽고 나서 물의 끓는 점에 대한 문제로 99°와 100°(참고로 알코올은 78°이지만)의 차이가 이해될까? 이해가 되어야만 힘들게 올라간 설악산 봉정암이나 오대산 상원사의 적멸보궁이 생각날 것이다. 풍수지리와 혈의 비교도 마찬가지로 99°와 100°의 차이만큼이나 차이가 날 것이다. 1°이지만 그에 대한 한계는 인생으로 말하면 성공과 실패, 당락의 결과, 완성과 미완성의 차이가 아닐까 한다. 차이가 숫자로는 1이지만 한계의 시작과 종착의 크기만큼 차이가 클 것이다. 1°를 극복하기 위한 목표가 풍수와 정혈의 차이가 될 것이다. 봉정암을 오르기 위해서는 높은 곳을 여러 차례 올라간 사람은 쉬울 것이며, 처음 올라가는 자(者)는 힘이 들 것이다. 혈도 마찬가지로 혈증의 논리로 풀어간다면 비교적 쉽게 찾을 수가 있지만, 풍수지리로는 한계가 따른다고 본다. 풍수인 4신사와 물로 풀어 간다면 쉽게 답은 도출되지 않기 때문이다. 이처럼 높은 곳을 향해 올라가는 사람처럼 혈도 꾸준한 연구가 밑바탕이 되어야 한다. 중간의 포기는 1°가 모자라 해결되지 못하는 물처럼 되어서는 곤란하다.

김연아가 말한 것처럼 99°의 노력이 얼마나 힘든지, 그리고 끊임없는 훈련을 통해 나아가는 집념을 풍수인들이 알아야만 할 것이다. 그러한 노력의 결과가 100°의 연구가 아닌가 한다. 1°는 당락의 갈림길이다. 풍수와 혈의 차이는 99°와 100°의 물의 차이와 유사하다는 사실을 우리는 알아야 한다.

1˚를 올리기 위해서는 99˚ 올리는 만큼의 힘이 들어갈 것이다. 혈을 찾기 위해서는 마지막까지 최대한 박차를 가해야 할 것이다. 학교에서 공부하는 학생도 같은 형태가 나타난다. 2~3점 차이로 떨어진 학생이 재수한다고 하여 10점이나 20점이 올라간다는 것은 쉽지 않다. 99˚에서 1˚를 올리는 만큼이나 힘이 든다는 그 힘은 99˚만큼의 노력이 들어갈 것이다. 세상의 일에는 때와 장소가 있다. 이를 알아내는 것은 대단한 능력이며 또한 자기만족(滿足)이다. 만족에 발 족(足)자를 사용한 어휘가 있어 주목된다. 족(足)의 아래는 발바닥이며 '발'의 위는 무릎, 허리, 목통, 목, 머리로 다양하고 많은 구조물로 되어 있다. 하필 만족(滿足)에 발을 단어로 사용한 의미가 있을 것이다. 만족은 대단한 것이 아니요, 누구나 다 가지고 있는 작금의 상태다. 왜 누구나 다 가지고 있는 것을 만족의 족으로 표현했을까를 생각해 볼 기회다. 적멸보궁이 그렇다는 것이다. 큰 것이 아니라 평범한 욕심이 만족이다. 적멸의 의미를 되짚는 그러한 관찰이 되었으면 하는 마음 간절하다. 1˚의 노력이 바로 만족이 될 수 있다. 비슷한 의미로 족욕(足浴)도 의미가 같다. 전욕(全浴)을 하는 것이나 족욕을 하는 것의 정도 차이는 다르지 않을 것이다. '발', '足' 자이지만 그에 따른 의미는 아주 클 것이다.

이처럼 1˚를 극복하는 기운이 풍수가 아니라 혈이고 혈증이다. 능력을 알아내는 혈의 의미가 이 책 속에 있다.

하나가 더 필요로 할 것이다. 아무리 혈 공부를 한다고 하더라도 기본과 원칙이 있다. 변칙은 먼 곳으로 보내야만 한다. 풍수지리 공부가 아니라 혈 공부가 가장 기본이고 원칙이다. 유사(수맥, 기맥, 형국, 이기 등)한 것을 연구한다는 것은 변칙에 대한 합당론이다. 기본이 되지 않는 사람도 마찬가지다. 혈은 원칙이 있다. 비원칙적으로의 연구는 의미가 없다는 것이다. 자연에 있는 현상이 혈증이다. 너무나 여러 차례의 주장을 해 왔기 때문에 잔소리처럼 들리기 십상이다. 그러나 잔소리가 되든, 큰 소리가 되든, 올바른 소리가 되든 원칙은 있다. 혈이 있는 곳이 자연이기에 그렇다. 춘하추동의 자연은 변칙이란 있을 수가 없다. 물론 지구의 온난으로 기온이 최고로, 혹은 최저로 왔다, 갔다가 하지만 아주 짧은 시간이다. 절기가 엄연히 살아 있다. 지금은 처서다. 여름이 끝났음을 알리는 절기로 지금은 아침저녁으로 쌀쌀하다. 큰 개념으로 보면 틀림이 없다. 이처럼 자연은 대원칙이 있다. 풍수의 일부가 아닌 전부인 혈증이 그렇다는 의미로 기본이 있으며 원칙이 있다. 이에 관해 혈인 혈증이 그렇다는 것이다. 따라서 혈을 찾는 풍수인이 아닌 혈인(穴人)은 기본에 충실하면서 그에 따른 원칙을 숙지하여야만 할 것이다. 미친 듯이 파고들어야 한다. 낚시광처럼, 에베레스트 등산가처럼 죽어도 올라가는 일념이 되어야 목적이 달성된다. 죽는 것을 두려워하지 않고 올라가는 사람의 심정과 같은 마음이 필요하다. 그래야만 혈이 보이고, 혈을 찾아 활용할 수 있을 것이다. 풍수지리 혈의 선행학습(先行學習)은 100번이 필요하다고 필자는 주장했다. 이에 대한 풍수 혈의 이해는 엔더스 에릭슨이 주장한 '1만 시간의 법칙'이 필요하다고 하는 글이 주목된다. 즉, 1만 시간의 노력이 있어야 전문가가 된다. 워라밸(Work and Life Balance)은 아니다. 풍수가 아닌 혈의 전문가가 되고자 한다면 1만 시간의 노력이 작동되어야 한다는 말이다. 이만한 노력이 따르지 않는다면 목표에 이르지 못한다.

　다음은 조금 색다른 소리를 해야 할 것 같다. 야당 국회의원을 수사할 때 기우제를 지내듯이 한다고 한다. 인도의 기우제는 비가 올 때까지 지낸다. 혈을 찾는 방법 또한 기우제 지내는 방법과도 유사하다. 혈을 찾는 마지막 순간까지 혈은 찾으면 된다. 혈 찾다가 혈 찾기를 중단하면 '시작을 하지 않은 것과 같다.'란 말이 이 말이다. 이처럼 기우제 지내는 그 이상의 노력이 들어가야만 혈을 찾을 수 있다. 노력이 없다면 진작에 포기하는 것이 올바른 길일 것이다. 혈 찾기는 기우제 지내기이다. 혈 찾기를 애원하는 혈애원자(穴愛願者)는 올바른 마음 자세가 되어야 할 것이다.

　하나만 더 추가하면『시경』에서 주장하는 적선에 관한 내용이 주목된다. 그것은 바로 녹명(鹿鳴)이다. 먹을 수 있는 것을 찾으면 사슴은 운다. 아주 큰 소리로 울면 사슴들이 모인다. 배고픈 무리들을 생각해서 크게 울면서 알린다. 하물며 사람들은 어떤가? 사슴은 짐승이다. 짐승보다 못한 인간들이 얼마나 많을까? 대부분일까? 일부분일까? 가 오히려 의문시 된다. 이 책을 봐야 하는 진짜 이유가 이 물음에 있다. 한편으로는 「피크-엔드의 법칙」이나 존속적인 손(孫)의 개념인 「곰페르츠 법칙」이 생각나는 순간이기도 하다. 약간은 혈(穴)과 빗나간다고 볼 수가 있다지만, 인생사가 다 그런 것 같다. 풍수지리는 아니고, 혈이 그렇다는 말로 이 글을 대신하는 바이다.

참고문헌

- 『주역』

- 『시경』

- 서선계 서선술, 『인자수지』

- 김려중, 『문화유산 속 풍수지리』, 프로방스, 2022.

- 김주태, 『명품고택 명품 강의』, 열린서원, 2017.

- 김정호, 『산림기사 실기』, 성안당, 2022.

- 권기완(문광), 「오대산의 풍수지리학적 위상과 탄허의 화엄학적 풍수관」, 『대각사상』 제37집, 2022.

- 노태봉, 「5대 적멸보궁 입지 공간에 풍수지표를 적용한 정량화 연구」, 인문사회과학연구, 제23권 제2호, 2022.

- 대현 스님, 『아름답게 가는 길』, 올리브나무, 2021.

- 문종덕, 「풍수지리와 사찰입지에 관한 연구 - 5대 적멸보궁을 중심으로 -」, 세명대학교 대학원 지역개발 부동산학과, 2019.

- 박정해, 『사찰에서 만나는 불교풍수』, 씨아이알, 2016.

- 이재영, 『대통령, 풍수 혈로 말하다』, 책과나무, 2022.

- 이재영, 『혈 인자수지』, 책과나무, 2020.

– 이재영, 『혈증십관십서』, 책과나무, 2023,

– 우에다 마코토 지음, 조용미 옮김, 『풍수 환경학』, 21세기문화
원, 2022.

– 장성재, 「적멸보궁의 변천과 사상 –일연을 통해 본 5대 보궁에
대한 정합적 이해–」, 한국불교학 제67집, 2013.

– 최재군·장미란, 『조경기술사 및 문화재수리 조경기술자 대비』,
도서출판 TotalLA, 2010

– 사자산 법흥사 적멸보궁, 「적멸보궁」, 3편. 리플릿.

– 동아일보, 「옥돔 이야기」. 2022. 8. 26. A29.

– 동아일보, 2022년 9월 30일 금요일 제 31439호 40호, A31.

– 네이버, 「용산의 풍수」, 지도 참조.

– 나무신문, 701호, 2022. 8. 4. 10면.

– 용연사, 대구시, 「용연사 둘러보기」, 리플릿.

– 건봉사, 「금강산 건봉사」, 리플릿.

– 네이버, 「삼보사찰」.